믿음의 가정을 세우는

화목한 가정예배

믿음의 가정을 세우는
화목한 가정예배

발행일_초판 2025년 10월 17일
발행인_문창국
발행처_사랑마루
편집인_강형규
기획/편집_강영아 장주한
미디어_이재훈 김남선
디자인_권미경 하수진
일러스트_인포처치
홍보/마케팅_안용환 육준수
경영지원_조미정

기초연구_김민철
집필_이순희 박신덕 신은선 김은숙 박한나
감수_박진숙 정찬 김민웅 한선호 조준철

도서출판 사랑마루
서울시 강남구 테헤란로64길 17(대치동)
홈페이지 http://www.eholynet.org
등록 2011년 1월 17일 등록번호 제2011-000013호
ISBN_979-11-90459-49-5 03230
가격_18,000원

믿음의 가정을 세우는
화목한 가정예배

사랑마루

"이스라엘아 들으라. 우리 하나님 여호와는 오직 유일한 여호와이시니
너는 마음을 다하고 뜻을 다하고 힘을 다하여 네 하나님 여호와를 사랑하라.
오늘 내가 네게 명하는 이 말씀을 너는 마음에 새기고
네 자녀에게 부지런히 가르치며 집에 앉았을 때이든지 길을 갈 때이든지
누워 있을 때이든지 일어날 때이든지 이 말씀을 강론할 것이며"
(신명기 6장 4-7절)

가정은 하나님이 주신 가장 기본적인 신앙공동체입니다. 하나님께서 주신 쉐마의 말씀은, 신앙교육의 중심이 교회에 앞서 가정임을 분명히 가르쳐 줍니다. 신앙은 단순히 지식으로 배우는 것이 아니라 가정의 일상에서 부모가 삶으로 보여주고 자녀와 함께 예배할 때 비로소 뿌리내립니다.

『믿음의 가정을 세우는 화목한 가정예배』는 가장 기본적인 신앙공동체인 가정의 신앙을 위해 준비되었습니다. 특별히 부모와 자녀가 함께 예배하며 성경의 핵심 가치와 신앙의 주요 개념들이 매주 가정에서 예배와 활동을 통해 훈련될 때, 자녀들은 자연스럽게 바른 신앙을 배우고 실천하게 됩니다. 가정예배는 곧 신앙 계승의 가장 실제적 방법이고 강력한 실천을 요합니다.

사랑하는 동역자 여러분,

가정예배를 세우는 일은 교회교육을 보완하는 차원이 아니라, 다음 세대를 살리는 본질적인 사역입니다. 부모가 자녀와 함께 드리는 가정예배를 교회가 적극적으로 격려할 때, 가정은 말씀의 제단이 되고 교회는 든든히 세워집니다.

3040 부모 세대에게도 간곡히 말씀드립니다.

짧은 예배 한 번이 자녀 마음속에 하나님 나라의 가치관을 심습니다. 부모가 먼저 본을 보이며 자녀와 함께 훈련할 때 믿음은 경건에 이르는 습관이 되고, 습관은 세대를 이어가는 신앙의 유산이 됩니다.

이 책이 모든 가정마다 쉐마의 말씀을 실천하는 길잡이가 되기를 소망합니다. 가정에서 드려지는 작은 예배가 모여 한국교회를 새롭게 하고, 다음 세대의 믿음을 굳건히 세우는 도구가 되기를 간절히 소망합니다.

2025년 10월
기독교대한성결교회 총회장
안성우 목사

화 · 목 가정예배로 가정을 세웁시다!

가정은 하나님께서 처음 창조하신 가장 소중한 공동체입니다. 성경을 돌아보면, 하나님을 예배하는 삶은 언제나 가정에서부터 시작되었습니다. 노아가 방주에서 나와 제단을 쌓아 드린 예배, 아브라함이 장막을 옮길 때마다 쌓은 제단, 이삭과 야곱이 하나님 앞에 드린 예배는 모두 가정에서 흘러나온 신앙의 모습이었습니다. 또 성전이 무너졌던 포로기의 시대에도, 유대 민족은 가정 안에서 말씀을 암송하고 하나님께 예배하며 그들의 정체성을 지켜냈습니다. 가정예배는 이렇게 오랜 세월 동안 하나님의 백성을 지탱해 온 신앙의 원형이었습니다.

우리 그리스도인에게 예배는 생명의 호흡과도 같습니다. 교회에서 드리는 공예배가 신앙의 기둥이라면, 가정예배는 그 기둥을 지탱하는 따뜻한 뿌리와 같습니다. 가정에서 드려지는 예배를 통해 부모와 자녀는 하나님 앞에서 한마음이 되고, 서로의 신앙을 나누며, 그리스도인 가정으로서의 정체성을 살아낼 수 있습니다.

하지만 지금 우리의 현실은 어떻습니까? 바쁜 일상과 복잡한 일정, TV와 스마트폰이 차지한 시간 때문에 많은 가정에서 예배가 자취를 감추었습니다. 부모 세대도 가정예배의 소중함을 알면서도 어떻게 시작해야 할지 몰라 망설이는 경우가 많습니다. 그 결과, 신앙이 자연스럽게 이어져야 할 자리에서 공백이 생기고 있는 것이 사실입니다.

바로 이때에 『믿음의 가정을 세우는 화목한 가정예배』가 나오게 되었습니다. 이 책은 52주 동안 온 가족이 함께 드릴 수 있는 예배를 따뜻하고 알차게 담아내었습니다. 말씀과 찬양, 기도와 나눔, 그리고 즐거운 활동까지 더해져 있어, 자녀들도 쉽게 참여할 수 있습니다. 무엇보다 예배가 '부담'이 아니라 '기쁨'이 되도록 안내합니다. 교회의 가정들이 이 책을 손에 들고 함께 예배드린다면, 우리 가정에 다시금 예배의 불이 켜지고, 그 불빛이 세대에서 세대로 이어질 것입니다.

바라기는 이 책을 통해 단 한 가정이라도, 한 번이라도 더 하나님 앞에 모여 예배드릴 수 있었으면 좋겠습니다. 우리는 믿습니다. 작은 불빛 같은 한 번의 가정예배가 결국 한국교회 전체를 밝히는 큰 빛이 될 것임을 말입니다.

주님께서 『믿음의 가정을 세우는 화목한 가정예배』를 통해 수많은 가정에서 예배의 기쁨을 회복시키시고, 믿음의 유산이 대대로 흘러가도록 역사하시기를 간절히 소망합니다. 이 책을 손에 든 모든 가정 위에, 하나님께서 주시는 평안과 은혜가 가득하기를 축복합니다.

2025년 10월

기독교대한성결교회 총무

문창국 목사

Contents

활동자료

활동스티커

길라잡이

우리 가정에
가정예배가 필요해요!

첫째, 가정예배를 통해 가족 모두가 예배자로 세워질 수 있어요.

하나님은 지금도 참된 예배자를 찾고 계십니다(요 4:23).

둘째, 가정예배를 통해 온 가족이 하나님의 말씀을 배울 수 있어요.

성경은 우리를 온전하게 하여 선한 일을 할 능력을 갖추게 해요(딤후 3:17).

셋째, 가정예배를 통해 하나님과의 관계가 회복되고 강화될 수 있어요.

하나님은 예배 가운데 임재하시고 우리를 만나주세요(대하 7:1~2).

넷째, 가정예배를 통해 가족 관계가 회복되고 친밀해질 수 있어요.

우리의 삶에서 화목한 가족 관계가 매우 소중해요(잠 17:1).

다섯째, 가정예배를 통해 신앙의 유산이 다음 세대에게 전달될 수 있어요.

하나님은 부모에게 자녀의 신앙 양육을 명령하셨어요(신 6:4~9).

믿음의 가정을 세우는 화목한 가정예배
특징을 소개해요!

첫째, 성경의 중요한 개념을 매주 하나씩, 총 52개를 배우게 하는 **복음적인 책**이에요.

둘째, 자녀의 눈높이를 고려한 말씀 이해와 활동을 제공하는 **교육적인 책**이에요.

셋째, 온라인과 오프라인의 풍부한 자원들을 활용하게 하는 **입체적인 책**이에요.

넷째, 성도의 가정에 예배가 정착되도록 돕는 **목양적인 책**이에요.

다섯째, 자녀가 다양한 예배를 경험하며 예배자로 세워지도록 돕는 **역량 강화적인 책**이에요.

믿음의 가정을 세우는 화목한 가정예배
이렇게 활용해요!

'화목한 가정예배'는 유아에서 초등학생 자녀와 함께 드리는 가정예배로, 이 연령의 어린이들이 참여할 수 있는 예배 순서와 활동을 고려하여 구성되었어요.

우리 가정의 신앙형성을 위해 다섯 가지 예배 형식을 따라 예배드려요!

• 먼저, 주 1회 이상의 가정예배와 활동 시간을 정해요!

화요일과 목요일을 권장해요. 하지만 가정의 상황에 따라, 주 1회 이상 함께 모이는 시간을 정하고 꼭 지켜요! 시간을 정할 때, 부모님이 자녀에게 가정예배가 무엇인지, 왜 필요한지를 설명하고 자녀와 함께 가정예배의 시간을 정하도록 합니다. 시간을 정한 후, 알람을 설정해 놓거나, 현관문에 가정예배 시간을 게시해 놓는 것이 도움이 돼요.

예) 우리 가정은 화요일 오후 8시 / 목요일 오후 8시에 모여요.

우리 가정은
매주 ＿＿＿요일 ＿＿＿시 / ＿＿＿요일 ＿＿＿시에 가정예배를 드려요!

• 우리 가정의 예배장소를 정해요.

예배 장소는 가족이 다 모일 수 있는 곳으로, 거실이나 식탁이 좋아요. 너무 시끄러운 곳이나, 자세가 흐트러질 수 있는 침실은 피해요.

• 우리 가정의 예배인도자를 정해요.

우리 가정의 예배인도자를 정해요. 부모님이나 조부모님이 담당하여도 좋고, 예배의 형식에 따라 자녀가 담당해도 좋아요. 예배인도자는 한 주간의 예배안을 참고하여, 미리 예배를 위한 준비를 하고 온 가족이 참여할 수 있도록 공지하는 일을 해요.

• 예배를 위해 준비해요.

– 성경책: 우리가 주로 보는 개역개정 성경을 준비해요.
　　　　　가정예배서에는 자녀의 이해를 돕기 위해, 새한글 성경을
　　　　　적어놓기도 했어요. Q.R.로 연결되는 '드라마 바이블'을
　　　　　들어도 좋아요.

– 찬양: 찬송가 혹은 CCM 찬양 등 매주 연결된 Q.R.로 유튜브의 찬양을 함께 불러요.
– 스마트 기기: 새한글 성경 및 찬양을 연결할 때 필요해요.
– 필기도구, 미술도구: 각종 필기도구, 채색도구, 풀, 가위, 테이프 등의 미술도구는 성경활동을 더욱
　　　　　흥미롭게 해요.

길라잡이

• 다섯 가지 예배의 형식에 따라 예배드려요.

다섯 가지 형식은 전통예배/말씀나눔/자녀인도/활동—그리기/활동—암송 형식이에요. 각각의 예배형식은 교육적인 효과를 고려하여 구성되었어요. 각 형식은 지면의 색상으로 구분할 수 있어요.

전통예배형(노랑색 지면)

교회에서 드리는 예배처럼, 정돈된 예배 형식을 통해 경건한 우리가정예배를 드려요.

1. 예배의 부름

   시편의 찬양으로 예배를 선포해요.

2. 찬송

   제시된 찬양 또는 온 가족이 함께 부를 수 있는 찬양을 선택하여 함께 찬양드려요.

3. 사도신경

   활동자료 책갈피의 사도신경을 보고 신앙을 고백해요.

4. 기도

   가족 중 한 명이 준비하여 대표기도 하거나, 어린 자녀가 있는 경우, 부모를 따라 한구절 한구절 '따라 기도' 해요.

5. 성경봉독

   인도자가 봉독하거나, 온 가족이 교독합니다. 성경은 개역개정 성경과 새한글 성경으로 봉독해요.

6. 온 가족 말씀

   말씀해설은 인도자가 낭독해요. 예배인도자는 이 부분을 먼저 읽고 질문을 준비해요. '기억해요'에 말씀의 주요 포인트가 있어요. 이 부분을 놓치지 말아요.

7. 함께 기도

   깨달은 말씀을 생각하며 온 가족이 한 목소리로 기도해요.

8. 주기도문

   활동자료 책갈피의 주기도문으로 한 목소리로 기도해요.

말씀나눔형(초록색 지면)

가족 모두가 질문을 통해, 성경을 더 깊이 이해하고, 가족의 생각과 삶을 신앙의 삶으로 이끌어요.

1. 온 가족 찬양

   우리 가정에서 잘 부르는 찬양으로 함께 찬양해요.

2. 온 가족 기도

   기도를 준비한 가족이 대표기도 하거나, 온 가족이 한 목소리로 기도문을 따라 기도해요. 어린 자녀의 경우, 부모를 따라 한구절 한구절 '따라 기도' 해요.

3. 온 가족 마음 이야기

   인도자는 한 주간 가족들의 삶을 질문하고, 질문에 따라 삶을 나눠요.

4. 온 가족 성경 읽기

   오늘의 말씀을 가족들이 돌아가며 읽어요. 어린 자녀의 경우, 한 마디씩 끊어가며 읽어요.

5. 온 가족 생각 나누기

   오늘 읽은 성경말씀을 잠시 묵상한 후, 질문에 함께 대답해요.

6. 온 가족 하나 되기

   인도자가 말씀 해설을 읽어요. '기억해요'에 말씀의 주요 포인트가 있어요. 이 부분을 놓치지 말아요.

7. 온 가족 함께 기도하기!

   깨달은 말씀을 생각하며 온 가족이 한 목소리로 기도해요.

8. 주기도문

   활동자료 책갈피의 주기도문으로 한 목소리로 기도해요.

길라잡이

자녀인도형(보라색 지면)

자녀가 직접 예배를 인도하며 가정의 일원으로 예배에 관한 책임을 가져요.

1. 온 가족 찬양

   우리 가정에서 잘 부르는 찬양으로 함께 찬양해요.

2. 온 가족 기도

   기도를 준비한 가족이 대표기도 하거나, 온 가족이 한 목소리로 기도문을 따라 기도해요. 어린 자녀의 경우, 부모를 따라 한구절 한구절 '따라 기도' 해요.

3. 온 가족 성경 읽기

   예배를 인도하는 자녀가 성경 말씀을 읽어요.

4. 성경 함께 칠하기

   성경내용의 그림을 함께 칠하거나, 성경 그림으로 하는 활동을 통해, 성경을 깊이있게 살펴요.

5. 온 가족 마음 하나되기

   인도자가 말씀 해설을 읽어요. '기억해요'에 말씀의 주요 포인트가 있어요. 이 부분을 놓치지 말아요.

6. 온 가족 함께 기도하기!

   깨달은 말씀을 생각하며 온 가족이 한 목소리로 기도해요.

7. 주기도문

   활동자료 책갈피의 주기도문으로 한 목소리로 기도해요.

활동—그리기형(파랑색 지면)

성경말씀을 상상을 통해 묵상하고, 그림을 통해 표현해보면서 생생한 성경말씀을 경험하고, 기억에 남도록 해요.

1. 온 가족 찬양

   우리 가정에서 잘 부르는 찬양으로 함께 찬양해요.

2. 온 가족 기도

   기도를 준비한 가족이 대표기도 하거나, 온 가족이 한 목소리로 기도문을 따라 기도해요. 어린 자녀의 경우, 부모를 따라 한구절 한구절 '따라 기도' 해요.

3. 온 가족 성경 읽기

   담당한 가족이 성경 말씀을 읽어요.

4. 온 가족 성경 체험

   함께 읽은 성경본문을 그림그리기나, 조각그림 색칠해 붙이기 등 각종 미술활동을 통해 생생한 하나님의 말씀을 체험해요. 성경그림의 느낌을 서로 나눠요.

5. 온 가족 마음 하나되기

   인도자의 질문에 따라 성경말씀을 더욱 깊이 이해해요. '기억해요'에 말씀의 주요 포인트가 있어요. 이 부분을 놓치지 말아요.

6. 온 가족 함께 기도하기!

   깨달은 말씀을 생각하며 온 가족이 한 목소리로 기도해요.

7. 주기도문

   활동자료 책갈피의 주기도문으로 한 목소리로 기도해요.

길라잡이

성경말씀을 손유희 동작이나 퍼즐 게임, 음악을 통해 암송하며 하나님의 말씀을 마음에 새겨요.

1. 온 가족 찬양

    우리 가정에서 잘 부르는 찬양으로 함께 찬양해요.

2. 온 가족 기도

    기도를 준비한 가족이 대표기도 하거나, 온 가족이 한 목소리로 기도문을 따라 기도해요. 어린 자녀의 경우, 부모를 따라 한구절 한구절 '따라 기도' 해요.

3. 온 가족 성경 읽기

    담당한 가족이 성경 말씀을 읽어요.

4. 온 가족 성경 체험

    온 가족이 함께, 손유희, 노래, 퍼즐게임 등의 암송방법을 사용하여, 성경말씀을 암송해요.

5. 온 가족 마음 하나되기

    인도자의 말씀해설을 나눠요. '기억해요'에 말씀의 주요 포인트가 있어요. 이 부분을 놓치지 말아요.

6. 온 가족 함께 기도하기!

    깨달은 말씀을 생각하며 온 가족이 한 목소리로 기도해요.

7. 주기도문

    활동자료 책갈피의 주기도문으로 한 목소리로 기도해요.

• 예배 순서에 제시된 안내문을 참고해요.

인도자는 각 예배 형식에 따라, 매주 예배순서에 안내문을 살펴보세요.

• 매주 두번째 가족모임 시간에는 믿음의 가정미션을 실천해요.

하나님께서 우리 가정에게 매주 주신 말씀, 깨달은 말씀을 믿음의 가정미션을 통해 결단하고 실천해요. 다양하고 재미있게 제시되는 활동이니 온 가족이 꼭 함께 참여해요!

• 가정예배가 어려울 땐, 중보기도를 요청해요.

가정예배가 가족들의 일상으로 뿌리를 내릴 때까지 많은 시간과 노력이 필요해요. 그 과정에서 가족들의 참여가 저조해지거나, 마음이 힘들어지거나, 환경적인 어려움을 만나는 기간을 지나가기도 해요. 이럴 때는 온 가족이 한마음으로 가정예배를 위해 기도해야 합니다. 우리가 주님 안에 머물러 있고, 주님의 말씀이 우리 안에 머물러 있으면, 우리가 무엇을 구하든지 다 이루어주실 것을 믿으며 기도해야 합니다(요 15:7). 이와 함께 다음과 같이 도움을 요청해보세요.

　　－ 우리 가정이 속한 교회(교구) 담당 사역자님과 면담
　　－ 우리 가정이 속한 소그룹에 중보기도 요청
　　－ 자녀가 속한 교육부서의 담당 사역자님과 교사에게 중보기도 요청

1주차

보이지 않아도 믿어요

| 오늘의 말씀: 히브리서 11장 1절

| 오늘의 예배인도자:

🏠 1. 온 가족 찬양

*우리 가정에서 잘 부르는 찬양으로 온 가족이 함께 찬양합니다.

♫ 색깔예배

🏠 2. 온 가족 기도

*기도를 준비한 가족이 대표기도합니다.
*어린 자녀의 경우, 부모를 따라 한 구절 한 구절 따라 기도합니다.

하나님 아버지!/ 우리 가족이/ 함께 모여/ 예배드릴 수 있어서/ 감사해요./
이 시간 하나님께서/ 우리와 함께 해 주세요./ 우리의 가정예배를/
기쁘게 받아주세요./ 예수님의 이름으로 기도드립니다./ 아멘.

🏠 3. 온 가족 성경 읽기

*담당한 가족이 오늘의 말씀을 소개합니다.

히브리서 11장 1절
믿음은 바라는 것들의 실상이요 보이지 않는 것들의 증거니
(개역개정 성경)

이렇게 암송해요!

 암송 1단계: 다 함께 큰 소리로 말씀을 읽어요. 어린 자녀를 위해 한 두 단어씩 끊어 읽어도 좋아요.

 암송 2단계: 손유희 동작을 함께 만들어봐요(아래 손유희 예시를 따라 해도 좋아요).

 암송 3단계: 만든 손유희 동작을 함께 반복하며 암송해요.

손유희 예시

믿음은	바라는 것들의	실상이요
	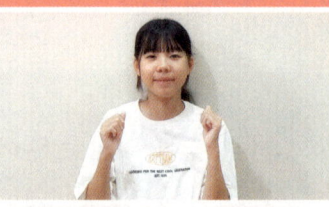	
두 손을 모아 기도손을 만들어요.	두 손을 주먹 쥐고 가슴 앞에서 결심하는 동작을 위에서 아래로 한 손씩 내려요.	주먹 쥔 양쪽 손을 깜빡깜빡 폈다 다시 쥐어요.

보이지 않는 것들의	증거니
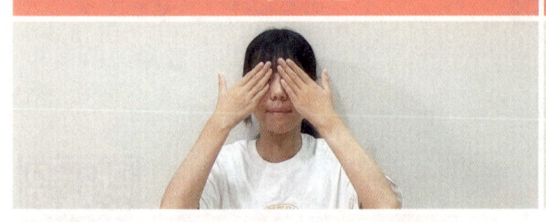	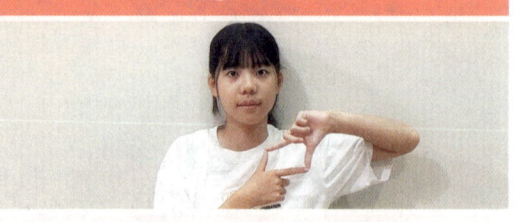
손바닥을 펴고, 한 손씩 눈을 가려요.	양손 엄지와 검지를 네모로 만들고 가슴 앞에서 카메라 모양을 만들어요.

히브리서	11장	1절 말씀	아멘

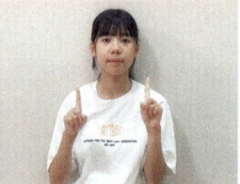			
손바닥을 펴서 위아래로 포갰다가 한 손을 펴서 성경책 모양을 만들어요.	양손 검지손가락을 펴서 숫자 11을 만들어요.	한 손 검지손가락을 펴서 숫자 1을 만들어요.	두 번 손뼉을 쳐요.

민음은 바라는 것들의 실상이에요. 무슨 뜻일까요? 아빠가 "내일 아이스크림을 사줄게."라고 말씀하셨어요. 그럼 오늘은 아이스크림이 없지만, 내일 아빠가 아이스크림을 사주실 것을 믿고 기다릴 수 있어요. 정말 아빠는 달콤한 아이스크림을 사주셨어요! 이처럼 우리가 하나님께 바라고 기도하면, 실제로 그것이 이루어져요. 이것을 믿고 기다리는 것이 바로 믿음이에요.

민음은 보이지 않는 것들의 증거예요. 공기는 눈에 보이지 않지만 분명히 있기 때문에 우리는 숨을 쉴 수 있어요. 하나님은 눈에 보이지 않으시지만, 분명히 우리와 함께 계세요.

그래서 우리는 하나님께 가정예배를 드려요. 가족과 함께 예배드리면서 우리의 믿음을 하나님께 고백하는 것이죠. 하나님께서 우리 가정의 믿음의 예배를 기뻐하세요.

하나님은 눈에 보이지 않으셔도, 우리 가정을 항상 돌보시고 지켜주심을 믿어요. 하나님을 예배하고, 하나님의 말씀을 믿고, 하나님의 말씀을 따라 사는 우리 가정이 되게 해 주세요. 예수님의 이름으로 기도드립니다. 아멘.

우리 가족 날마다 말씀따라 **우리 가족 암송대회**

믿음의 가정 미션   히브리서 11장 1절 말씀을 손유희와 함께 암송하고 가족 암송대회를 열어요!

언제:

예) 가정예배 후 2~3일 뒤(가족이 의논해 날짜와 시간을 정해요.)

어디서:

예) 우리집 거실이나 할아버지, 할머니 댁에서

참가자:

예) 아빠, 엄마, 언니, 동생, 온 가족이 함께해요.

암송 선물:

예) 아빠: 안마해 드리기, 엄마: 뽀뽀해 드리기, 언니와 동생: 좋아하는 간식

2주차

모든 일에 감사해요

| 오늘의 말씀: 데살로니가전서 5장 18절
| 오늘의 예배인도자:

🏠 1. 온 가족 찬양

*우리 가정에서 잘 부르는 찬양으로 온 가족이 함께 찬양합니다.

♬ 날 구원하신 주 감사

🏠 2. 온 가족 기도

*온 가족이 한 목소리로 기도문을 따라 기도합니다.
*어린 자녀의 경우, 부모를 따라 한 구절 한 구절 따라 기도합니다.

하나님 아버지!/ 우리 가족이/ 함께 모여/ 예배 드릴 수 있어서/ 감사해요./ 이 시간 하나님께서/ 우리와 함께 해 주세요./ 우리의 가정예배를/ 기쁘게 받아주세요./ 예수님의 이름으로 기도드립니다./ 아멘.

🏠 3. 온 가족 마음 이야기

*인도자는 한 주간 가족들의 삶을 질문하고, 질문에 따라 삶을 나누도록 인도합니다.

1. 이번 한 주간 기분이 좋았던 일이 있었나요?

2. 이번 한 주간 기분이 좋지 않았던 일이 있었나요?

*오늘의 말씀을 가족들이 돌아가며 각각 한 번씩 읽습니다. 어린 자녀의 경우 한 마디씩 끊어 따라 읽되 천천히 2번 반복하여 읽습니다.

데살로니가전서 5장 18절

모든 일에 감사하십시오! 이것이 그리스도 예수님 안에서 여러분한테 바라시는 하나님의 뜻이니까요. (새한글 성경)

*오늘 읽은 성경말씀을 잠시 묵상합니다. 그리고 아래의 질문을 함께 나누어 봅니다.

1. 오늘 말씀에서 마음에 남거나 중요하다고 생각하는 문장은 무엇인가요?

예) '모든 일에 감사하'라는 말씀이에요.

2. 모든 일에 감사하라고 말씀하셨어요. 여기서 모든 일은 어떤 상황을 말할까요?

예) 기쁘고 즐거운 일, 화가 나거나 슬프고 힘들 때 등 모든 상황이에요.

3. 좋지 않은 일이 생겼는데도 왜, 어떻게 감사할 수 있을까요?

예) 하나님께서는 감사하는 사람을 칭찬하세요. 하나님께서 도와주실 테니 감사할 수 있어요.

🏠 6. 온 가족
하나 되기

*인도자가 말씀 해설을
나눕니다.

기억해요!
우리를 도우시고 선
한 길로 인도하실하
나님이시기에 언제
나 감사할 수 있어요!

*질문에 답하며 결단한
것을 나누어 봅니다.

우리는 하나님께 감사해야 해요. 좋은 일뿐 아니라 좋지 않은 일이 생겼을 때도 하나님께 감사해야 해요. 왜냐하면 우리는 선하신 하나님을 믿기 때문이에요. 하나님께서는 우리를 도우시고, 선한 길로 인도해주실 거예요. 그래서 실망하거나 슬퍼하지 않고 언제나 감사할 수 있어요.

오늘 있었던 좋지 않은 일:

예) 부모: 차가 많이 막혀서 운전하기가 힘들었어요.
　　자녀: 숙제가 너무 많아서 힘들었어요.

그래도 감사할 수 있는 이유:

예) 부모: 차가 막혔지만 사고 없이 안전하게 집에 와서 감사해요.
　　자녀: 숙제가 많아 힘들었지만 끝까지 해내서 감사해요.

🏠 7. 온 가족 함께
기도하기!

*빈칸에 한 줄 기도문을
적고, 가족들이 한 명씩
차례대로 읽으며 기도
합니다.

예) 안 좋은 일이 생겨도 짜증내지 않고 하나님께 감사할게요.

_____

예수님의 이름으로 기도드립니다. 아멘.

🏠 8. 주기도문

*함께 주님이 가르쳐주
신 기도를 드립니다.
*활동자료 _ 책갈피를
활용합니다.

우리 가족 날마다 말씀따라 **동서남북 감사의 고백 놀이**

믿음의 가정 미션 　 동서남북 종이접기를 하며 감사를 고백해요.

준비해요!

색종이 1장, 필기도구

이렇게 해요!

1. 가족이 함께 동서남북 종이접기를 해요.

2. 색종이 앞면 네 개의 칸에는 '모든', '일에', '감', '사'를 적어요.

3. 색종이 뒷면 여덟 개의 칸에는 감사를 고백할 대상과 감사할 상황을 적어요.

   예) ①아빠 ②엄마 ③언니 ④동생 ⑤안 좋은 일 ⑥좋은 일 ⑦유치원에서 ⑧학교에서

4. 가족들이 순서대로 돌아가며 앞면 글자 1개와 숫자(0~8까지)를 선택해 외쳐요.

   예) "모든 5!", "감 2!"

5. 가족 중 한 명은 양손 엄지와 검지를 사용해 색종이 뒷면에 끼우고, 외친 숫자만큼 가로세로로 번갈아 움직여요.

6. 예를 들어 "모든 5!"라고 외쳤다면, 색종이를 가로세로 방향으로 번갈아 다섯 번을 움직인 후 '모든'에 해당하는 칸에 적힌 단어를 확인해요. '아빠'가 나왔다면 외친 가족은 아빠에게 감사의 고백을 해요.

   예) "아빠가 퇴근 후 반갑게 나를 안아주어 감사해요."

7. 예를 들어 뒷면 여덟 가지 단어 중 '안 좋은 일'이 나오면, 오늘 하루를 보내며 기분이 좋지 않았던 일을 나누고 그래도 하나님께 감사 고백을 해요.

   예) "친구가 나를 놀려서 기분이 좋지 않았지만, 다른 친구가 나를 위로해 주어 감사해요."

8. 예를 들어 뒷면 여덟 가지 단어 중 '학교에서'가 나오면, 학교에서 있었던 일을 나누고 감사 고백을 해요.

   예) "선생님께 칭찬을 받아서 기뻤어요 감사해요."

*다음 주 자녀가 인도하는 예배를 위해, 예배 인도할 자녀를 정하여 예배를 준비합니다. 자녀가 어리면 부모가 인도합니다.

3주차

예수님을 본받아 서로 사랑해요

| 오늘의 말씀: 요한복음 13장 12~15, 34절

| 오늘의 예배인도자:

🏠 1. 온 가족 찬양

*우리 가정에서 잘 부르는 찬양으로 온 가족이 함께 찬양합니다.

♫ 싹트네

🏠 2. 온 가족 기도

*기도를 준비한 가족이 대표 기도합니다.
*어린 자녀의 경우, 부모를 따라 한 구절 한 구절 따라 기도합니다.

하나님 아버지!/ 우리 가족이/ 함께 모여/ 예배드릴 수 있어서/ 감사해요./
이 시간 하나님께서/ 우리와 함께 해 주세요./ 우리의 가정예배를/
기쁘게 받아주세요./ 예수님의 이름으로 기도드립니다./ 아멘.

🏠 3. 온 가족 성경 읽기

*예배를 인도하는 자녀가 성경 말씀을 읽습니다.

요한복음 13장 12~15, 34절

12 예수님이 제자들의 발을 씻어 주셨다. 그러고 나서 겉옷을
    입고 다시 자리에 기대앉으셨다. 그때 제자들에게 말씀하셨
    다. "내가 그대들에게 무슨 일을 해 주었는지 알고 있나요?

13 그대들은 나를 '선생님!' '주님!' 하고 부릅니다. 잘하는 일이
    에요. 내가 사실 그러니까요.

14 그러므로 '주'이고 '선생'인 내가 직접 그대들의 발을 씻어 주
    었으니, 그대들도 또한 서로서로 발을 씻어 주어야 해요.

15 본보기를 그대들에게 보여 주어, 내가 그대들에게 한 것처럼
    그대들도 하도록 하려 한 겁니다.

34 새 계명을 그대들에게 줍니다. 서로 사랑하세요! 내가 그대
    들을 사랑한 것처럼, 그대들 자신들도 서로 사랑하세요!

(새한글 성경)

*오늘 말씀의 이야기를
생각하며 그림을 색칠
합니다.

🏠 5. 온 가족 마음 하나 되기

*말씀 해설을 인도자가 낭독하며 본문을 정리합니다.
*자녀 중 고학년의 자녀 혹은 부모가 담당합니다.

기억해요!

예수님이 사랑으로 제자들의 발을 직접 닦아주셨어요. 우리도 예수님처럼 사랑해요!

*인도자가 가족의 마음을 나누도록 인도합니다.

예수님께서는 제자들의 발을 한 사람 한 사람 닦아주셨어요. 이스라엘은 날씨가 더워서 사람들이 샌들을 신는데, 그래서 발에 흙과 모래가 많이 묻었지요. 그 당시 이스라엘에서는 집에서 신분이 가장 낮은 종이 주인의 발을 닦아주었어요. 그런데도 예수님께서는 직접 제자들의 발을 닦아 주신 거예요. 그리고나서 아주 중요한 말씀을 하셨어요. "내가 너희를 이렇게 사랑하듯, 너희들도 서로 사랑하렴. 이것이 앞으로 지켜야 할 새 계명이란다."

예수님께서는 제자들의 발을 닦아주시면서 우리를 얼마나 많이 사랑하는지를 행동으로 보여주신 거예요. 그리고 이제는 우리도 그렇게 사랑하라고 말씀하세요.

1. 예수님께서는 왜 제자들의 발을 닦아주시고, 우리를 위해 십자가에 못 박히셨나요?

예) 우리를 너무 사랑하시기 때문이에요.

2. 예수님께서는 직접 사랑의 본을 보여주시며 새 계명을 가르쳐 주셨어요. 그 계명은 무엇인가요?

예) 예수님께서 우리를 사랑해 주셨듯이, 우리도 서로 사랑하라고 말씀하셨어요.

3. 먼저 우리 가정에서 새 계명을 실천해 봐요. 가족을 사랑하는 마음으로 할 수 있는 일을 한 가지씩 이야기해요.

예) 아빠를 사랑하는 마음으로 많이 안아드리겠어요.
동생을 사랑하는 마음으로 내 물건을 친절하게 빌려줄게요.

🏠 6. 온 가족 함께 기도하기!

*빈칸에 한 줄 기도문을 적고, 가족들이 한 명씩 차례대로 읽으며 기도합니다.

예) 예수님께서 우리를 사랑해 주셨듯이 우리 가족들도 서로 사랑할게요.

예수님의 이름으로 기도드립니다. 아멘.

🏠 7. 주기도문

*함께 주님이 가르쳐주신 기도를 드립니다.
*활동자료 _ 책갈피를 활용합니다.

27

우리 가족 날마다 말씀따라 **사랑의 미션 뽑기**

믿음의 가정 미션   가족 모두가 참여하여 사랑의 미션을 실천해 봐요.

준비해요!

종이(색종이나 메모지 여러 장), 상자 혹은 바구니, 필기도구

이렇게 해요!

1. 사랑 미션 적기

– 종이에 가족의 이름과 그를 사랑하고 섬길 수 있는 행동 미션을 적어요.

– 한 장의 종이에 미션 대상을 한 사람만 적고, 그 사람을 섬길 수 있는 행동 미션을 적어요.

예) 동생이라면 아빠, 엄마, 형을 위한 사랑과 섬김의 행동 미션을 세 장의 종이에 각각 적어요

2. 미션 상자 만들기

– 상자 혹은 바구니를 준비하여 우리 가족이 1번에서 적은 종이를 모두 접어 상자에 넣어요.

3. 미션 뽑기

– 가족들은 아침마다 미션 종이를 뽑아요.

– 나를 위한 행동미션이 나오면 다시 뽑아요.

4. 사랑 미션 실천하기

– 뽑은 종이의 내용대로 해당하는 가족에게 사랑의 행동 미션을 실천해요.

5. 실천 결과 나누기

– 다음 가정예배 시간에 각자 어떻게 사랑의 행동 미션을 실천했는지 함께 나눠요.

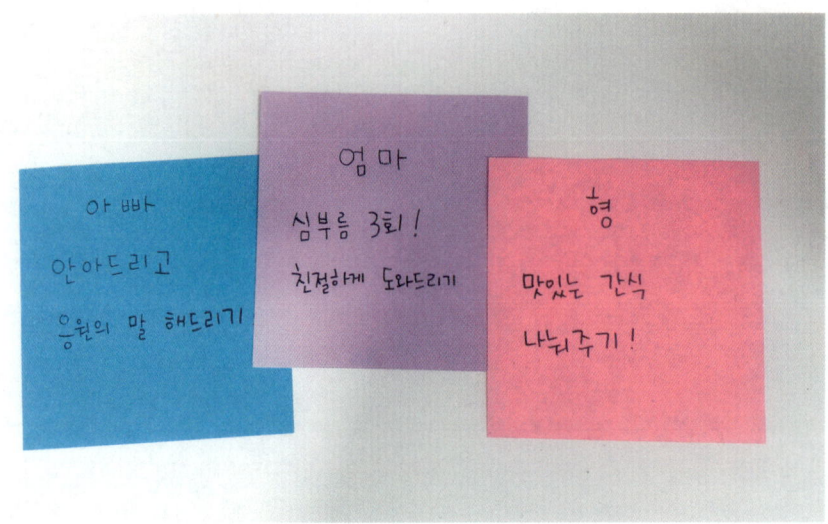

4주차

여호와를 찬양하는 가정이 되겠어요!

| 오늘의 말씀: 시편 150편 6절

| 오늘의 예배인도자:

1. 온 가족 찬양

*우리 가정에서 잘 부르는 찬양으로 온 가족이 함께 찬양합니다.

♬ 찬양이 언제나 넘치면

2. 온 가족 기도

*기도를 준비한 가족이 대표기도합니다.
*어린자녀의 경우, 부모를 따라 한 구절 한 구절 따라 기도합니다.

하나님 아버지!/ 우리 가족이/ 함께 모여/ 예배드릴 수 있어서/ 감사해요./

이 시간 하나님께서/ 우리와 함께 해 주세요./ 우리의 가정예배를/

기쁘게 받아주세요./ 예수님의 이름으로 기도드립니다./ 아멘.

3. 온 가족 성경 읽기

*담당한 가족이 오늘의 말씀을 소개합니다.

시편 150편 6절

호흡이 있는 자마다 여호와를 찬양할지어다 할렐루야

(개역개정 성경)

*온가족이함께손유희를 하며 말씀을 암송합니다.

이렇게 암송해요!

 암송 1단계: 다 함께 큰 소리로 말씀을 읽어요. 어린 자녀를 위해 한 두 단어씩 끊어 읽어도 좋아요.

 암송 2단계: 손유희 동작을 함께 만들어봐요(아래 손유희 예시를 따라 해도 좋아요).

 암송 3단계: 만든 손유희 동작을 함께 반복하며 암송해요.

손유희 예시

호흡이	있는 자마다	여호와를

한 손 검지손가락으로 코를 가리켜요.	같은 손을 손바닥이 위로 향하도록 펴서 입 앞에 놓아요.	두 팔을 하늘로 향해 높이 들어요.

찬양할지어다	할렐루야	시편

팔을 높이 든 채로 손을 반짝반짝 흔들어요.	옆에 있는 가족과 손뼉을 마주치는 하이파이브 동작을 해요.	손바닥을 위아래로 포갰다가 한 손을 펴서 성경책 모양을 만들어요.

150편	6절 말씀	아멘
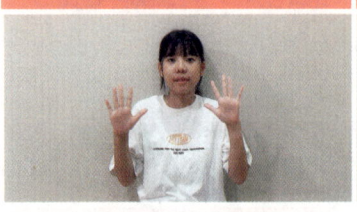	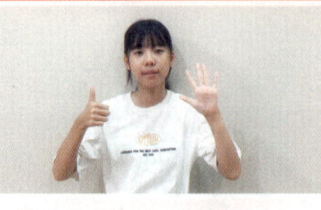	
양손 손가락을 모두 펴서 100을 만들고, 이어서 한 손만 펴서 50을 만들어요.	한 손은 엄지손가락만 펴고, 다른 손은 모든 손가락을 펴서 숫자 6을 만들어요.	두 번 손뼉을 쳐요.

**5. 온가족 마음
하나 되기**

*인도자가 말씀 해설을
나눕니다.

기억해요!

하나님이 우리를 만
드시고 생명을 주셨
기때문에우리는하
나님을찬양해요!

하나님께서 사람을 만드실 때 코에 생기를 "후!" 하고 불어넣으셨어요. 그래서 우리는 호흡하는, 생명이 있는 사람이 되었어요. 여호와 하나님께서 우리를 만드시고 생명을 주셨기 때문에, 우리는 마음을 다해 하나님을 찬양해야 해요. 그래서 오늘 시편 말씀에서 호흡이 있는 모든 사람은 하나님을 찬양하라고 말하고 있어요. 하나님께서는 우리의 찬양을 받기를 기뻐하세요. 하나님께서 우리를 만드신 이유는 우리의 찬양을 받기 위해서라고 말씀하셨어요(사 43:21). 하나님께 찬양드리는 일은 생명이 있는 모든 사람이 꼭 해야 할 중요한 일이에요. 매일 매일 여호와 하나님께 마음 다해 찬양드리는 우리 가정이 되기로 해요.

*암송을 반복합니다.

**6. 온가족 함께
기도하기!**

*깨달은 말씀을 생각하
며 함께 기도합니다.

우리를 만드시고 호흡을 주신 하나님. 살아 있는 모든 사람이 하나님을 찬양해야 한다는 것을 알았어요. 매일 마음 다해 하나님을 찬양하는 우리 가정이 되게 해 주세요. 예수님의 이름으로 기도드립니다. 아멘.

7. 주기도문

*함께 주님이 가르쳐주
신 기도를 드립니다.
*활동자료 _ 책갈피를
활용합니다.

우리 가족 날마다 말씀따라 **릴레이/절대음감 암송하기**

믿음의 가정 미션　다양한 방법으로 암송에 도전해 보세요.

◉ 릴레이 암송하기

이렇게 해요!

1. 가족 중 한 사람이 시편 150편 6절 말씀의 첫 부분을 말하면, 다음 가족이 이어서 말씀을 암송해요.

2. 예를 들어, 아빠가 "호흡이"라고 말하면, 엄마가 "있는 자마다"라고 이어 암송하고, 형이나 언니(누나)가 "여호와를"이라고 말하면, 동생이 "찬양할지어다. 할렐루야!"라고 암송해요.

3. 가족이 시간을 정해 모여서 릴레이 암송을 해도 좋고, 정한 시간이 아니더라도, 가족이 모두 모여 있지 않더라도 수시로 말씀을 주고받으며 암송을 해도 좋아요.

◉ 절대음감 암송하기

이렇게 해요!

1. 시편 150편 6절 말씀을 암송할 때, 첫 글자부터 마지막 글자까지 순서대로 음을 높여서 말해요.
   (절대음감 게임을 모른다면 유튜브에서 '절대음감놀이'를 검색해요.)

2. 절대음감 암송을 처음 할 때는 A4용지에 말씀을 크게 적고 보면서 암송해요. 이 방법이 익숙해지면 말씀을 보지 않고 절대음감 놀이를 하며 암송에 도전해요.

3. 절대음감 암송에 성공하는 가족에게 간단한 선물을 준비하면 더욱 즐겁게 암송할 수 있어요.

4. 이 방법은 초등학교 고학년 자녀가 있는 가정에서 활용하기에 좋아요.

5주차

외식하는 기도는 안돼요

| 오늘의 말씀: 마태복음 6장 5~6절
| 오늘의 예배인도자:

🏠 1. 예배의 부름

온 땅이여 하나님께 즐거운 소리를 낼지어다

(시편 66편 1절)

🏠 2. 찬송

*제시된 찬양 또는 온 가족이 함께 부를 수 있는 곡을 선택하여 가족이 함께 찬양합니다.

♫ 너 예수께 조용히 나가 (찬송가 539장)

🏠 3. 사도신경

*사도신경으로 함께 고백합니다.
*활동자료 _ 책갈피를 활용합니다.

🏠 4. 기도

*가족 중 한 명이 준비하여 대표기도 합니다.
*자녀들 기도는 부모가 도와주어 준비하고, 아주 어린 자녀의 경우, 부모가 기도합니다.

하나님 아버지!/ 우리 가족들이/ 함께 모여/ 예배드릴 수 있어서/ 감사드려요./ 이 시간 하나님께서/ 우리와 함께 해 주세요./ 가정예배를/ 기쁘게 받아주세요./ 예수님의 이름으로 기도드립니다./ 아멘.

5. 성경봉독

*인도자가 봉독하거나, 온 가족이 교독합니다.

마태복음 6장 5~6절

5 또 너희는 기도할 때에 외식하는 자와 같이 하지 말라 그들은 사람에게 보이려고 회당과 큰 거리 어귀에 서서 기도하기를 좋아하느니라 내가 진실로 너희에게 이르노니 그들은 자기 상을 이미 받았느니라

6 너는 기도할 때에 네 골방에 들어가 문을 닫고 은밀한 중에 계신 네 아버지께 기도하라 은밀한 중에 보시는 네 아버지께서 갚으시리라

(개역개정 성경)

🏠 6. 온 가족 말씀

*말씀 해설을 인도자가 낭독합니다.

*인도자는 말씀을 준비하며 깨달은 점과 말씀을 우리 가족에게 적용할 수 있는 질문을 준비하여 가족과 함께 나눠 주어도 좋습니다.

유대인들은 하루 세 번 정해진 시간에 꼭 기도했어요. 그래서 기도 시간이 되면 사람들이 많은 시장이나 길에서도 큰 소리로 하나님께 기도했어요. 그런데 겉으로 보기에는 아주 거룩해 보였지만, 속마음으로는 '사람들이 나를 칭찬하겠지'라고 생각했어요. 하나님께 드리는 기도인데도, 사람들의 시선을 더 신경쓴 거예요.

예수님께서는 이렇게 외식하며 기도하지 말라고 말씀하셨어요. '외식'이란 배우가 연기를 하는 것과 비슷해요. '왕' 역할을 맡은 배우가 원래는 왕이 아니지만 왕인 것처럼 행동하듯, 기도하는 척하는 거죠. 사람들에게 거룩하게 보이려는 거죠.

예수님께서는 우리에게 이렇게 기도하라고 말씀하셨어요. "너희는 기도할 때 조용한 방에 들어가 기도하렴. 하나님께서는 그 기도를 보시고 들으실 거란다."

조용한 곳에서 오직 하나님께만 고백할 수 있는 솔직한 생각과 마음을 이야기하고, 은밀한 죄를 모두 회개하는 것이 진실한 기도예요.

우리 가족은 어떤 기도를 드리고 있나요? 하나님보다 사람을 신경 쓰는 기도, 거룩해 보이려는 기도, 억지로 하는 기도를 하면 안 돼요. 솔직하고 진실한 기도를 하나님께 드리는 우리 가정이 되기로 해요.

📙 기억해요!

예수님은 우리에게 조용한 곳에서 오직 하나님께만 솔직한 생각과 마음을 이야기하고 은밀한 죄를 회개하는 진실한 기도를 드리라고 하셨어요!

🏠 7. 함께 기도

*깨달은 말씀을 생각하며 함께 기도합니다.

하나님께 기도드릴 때 다른 사람들을 더 많이 신경쓸 때가 있었어요. 칭찬받으려고 기도하기도 했어요. 이제는 하나님께 진실하고 솔직한 기도를 드리는 우리 가정이 되게 해 주세요. 우리의 기도를 들어주세요. 예수님의 이름으로 기도드립니다. 아멘.

🏠 8. 주기도문

*함께 주님이 가르쳐주신 기도를 드립니다.
*활동자료 _ 책갈피를 활용합니다.

우리 가족 날마다 말씀따라 **주중 예배에 참석해요!**

믿음의 가정 미션 **온 가족이 함께 주중 예배에 참석해요!**

이번 주 가정예배의 말씀(마태복음 6장 5~6절)을 기억해요! 온 가족이 이번 주간 주중 예배 참석해서 외식하지 않고 진실하게 하나님이 기뻐하시는 예배를 드려요!

가족들과 의논해 아래에 적어보세요.

> 우리 가정은 이번주
> (수요/금요/새벽)예배에
> 참석하겠습니다!

예배 드릴 날짜와 시간을 적어보세요.

6 주차

예수님처럼 용서해요

| 오늘의 말씀: 골로새서 3장 13절
| 오늘의 예배인도자:

🏠 1. 온 가족 찬양

*우리 가정에서 잘 부르는 찬양으로 온 가족이 함께 찬양합니다.

🎵 예수 십자가에 흘린 피로써 (찬송가 259장)

🏠 2. 온 가족 기도

*온 가족이 한 목소리로 기도문을 따라 기도합니다.
*어린 자녀의 경우, 부모를 따라 한 구절 한 구절 따라 기도합니다.

하나님 아버지!/ 우리 가족이/ 함께 모여/ 예배드리는 이 시간이/ 정말 좋아요./
이 시간 드리는/ 가정예배 가운데/ 하나님께서/ 함께하실 것을/ 믿어요./
예수님의 이름으로 기도드립니다./ 아멘.

🏠 3. 온 가족 마음 이야기

*인도자는 한 주간 가족들의 삶을 질문하고, 질문에 따라 삶을 나누도록 인도합니다.

1. 한 주간 지내며 나를 불편하게 했던 사람이 있었나요?

2. 내가 잘못해 다른 사람을 불편하게 했지만, 용서받은 일이 있었나요?

🏠 4. 온 가족
성경 읽기

*오늘의 말씀을 가족들이 돌아가며 각각 한 번씩 읽습니다. 어린 자녀라 읽을 수 없는 경우에는 한 마디씩 끊어가며 따라 읽되 천천히 2번 반복하여 읽습니다.

골로새서 3장 13절

서로 참아 주십시오. 여러분끼리 서로 용서의 은혜를 베풀어 주십시오. 누군가 누구에게 불평거리가 있더라도 그렇게 하십시오. 주님도 여러분에게 용서의 은혜를 베풀어 주셨듯이, 여러분 자신들도 그렇게 하십시오. (새한글 성경)

🏠 5. 온 가족
생각 나누기

*오늘 읽은 성경말씀을 잠시 묵상합니다. 그리고 아래의 질문을 함께 나누어 봅니다.

1. 오늘 말씀에서 마음에 남거나 중요하다고 생각한 문장은 무엇인가요?

  예) 서로 용서의 은혜를 베풀라는 말씀이에요.

2. 성경은 불평거리가 있더라도 서로 참아주고 용서하라고 하세요. 왜일까요?

  예) 하나님께서 먼저 우리를 참아주고 용서해 주셨으니, 우리도 다른 사람을 참아주고 용서해야해요.

3. 하나님께서는 우리를 왜, 어떻게 용서하셨나요?

  예) 하나님께서는 우리를 사랑하시기 때문에 예수님을 보내주셨어요. 예수님께서는 우리의 죄를 용서해 주시려고 우리 대신 십자가에 못 박히셨어요.

**6. 온 가족
하나 되기**

*인도자가 말씀 해설을
나눕니다.

기억해요!

예수님께 받은 용서
의 은혜를 서로 나
눠요.

예수님께서는 우리의 죄와 허물을 참아주셨어요. 그리고 십자가에서 죄를 용서해 주셨어요. 예수님께서 죄인인 우리를 참아주신 것처럼, 우리도 다른 사람의 잘못과 실수를 참아줘야 해요. 예수님께서 우리를 용서해 주신 것처럼 우리도 다른 사람을 용서해야 해요. 가족들과 지낼 때 서로 불평할 일이 생기더라도 예수님께서 하셨듯이 서로 참아주고 용서하기로 해요.

*빈칸을 적고 각자 결단
한 것을 나누어 봅니다.

가족들과 함께 지내며 불편했던 일을 적어보세요.

예) 동생이 내 물건을 망가뜨렸어요.

예) 동생

예수님께서 나를 용서해주셨듯이 　　　　　　　　　　을(를) 용서하겠어요!

**7. 온 가족 함께
기도하기!**

*빈칸에 한 줄 기도문을
적고, 가족들이 한 명씩
차례대로 읽으며 기도
합니다.

예) 예수님께서 저를 용서해 주셨듯이, 저도 가족과 친구들을 용서할게요.

_____

예수님의 이름으로 기도드립니다. 아멘.

8. 주기도문

*함께 주님이 가르쳐주
신 기도를 드립니다.
*활동자료 _ 책갈피를
활용합니다.

우리 가족 날마다 말씀따라 괜찮아! 보자기 풍선 놀이

믿음의 가정 미션 보자기와 풍선으로 재미있는 놀이를 하며 말씀을 되새겨요.

준비해요!

보자기(1~2개), 풍선, 바구니(또는 대야)

이렇게 해요!

(3인 가정의 경우)

1. 보자기 1개를 준비하고 풍선 1개에 바람을 불어요.

2. 바구니를 도착점에 놓아요.

3. 가족은 함께 보자기 끝을 나누어 잡고 위아래로 움직이며 풍선을 튕겨요.

4. 출발점에서 시작해 보자기로 풍선을 튕기며 이동해요. 도착점에 있는 바구니에 풍선을 넣으면 성공이에요.

5. 성공하지 못하더라도 실수한 가족을 원망하지 말고 "괜찮아!"라고 말해줘요.

(4인 가정의 경우)

1. 보자기 2개를 준비하고 풍선 1개에 바람을 불어요.

2. 바구니를 도착점에 놓아요.

3. 두 명이 한 팀이 되어 보자기 양쪽 끝을 나누어 잡고 위아래로 움직이며 풍선을 튕겨요.

4. 두 팀은 서로 풍선을 주고받으며 도착점까지 이동해요.

5. 성공하지 못하더라도 실수한 가족을 원망하지 말고 "괜찮아!"라고 말해줘요.

진행안

(게임을 진행하기 전) 게임을 하다 보면 마음대로 되지 않을 수도 있어요. 내가 잘하지 못하거나 가족이 잘하지 못해 실패할 수도 있어요. 하지만 그럴 때 원망하거나 다투지 말고, 골로새서 1장 13절의 말씀처럼 서로 참아주고 용서하기로 해요. 서로 참아주고 용서하며 게임을 한다면 이 게임은 이미 성공이에요. 게임을 하며 가족이 실수할 때, "괜찮아!"라고 말해 주세요. 할 수 있나요?

---

*다음 주 자녀가 인도하는 예배를 위해, 예배 인도할 자녀를 정하여 예배를 준비합니다. 자녀가 어리면 부모가 인도합니다.

7 주차

우리의 소망이신 하나님

| 오늘의 말씀: 예레미야애가 3장 19~24절
| 오늘의 예배인도자:

🏠 1. 온 가족 찬양

*우리 가정에서 잘 부르는 찬양으로 온 가족이 함께 찬양합니다.

♬ 주의 인자는 끝이 없고

🏠 2. 온 가족 기도

*기도를 준비한 가족이 대표 기도합니다.
*어린 자녀의 경우, 부모를 따라 한 구절 한 구절 따라 기도합니다.

하나님 아버지!/ 우리 가족이/ 함께 모여/ 예배드리는 이 시간이/ 정말 좋아요./ 이 시간 드리는/ 가정예배 가운데/ 하나님께서/ 함께하실 것을/ 믿어요./ 예수님의 이름으로 기도드립니다./ 아멘.

🏠 3. 온 가족 성경 읽기

*예배를 인도하는 자녀가 성경 말씀을 읽습니다.

예레미야애가 3장 19~24절

19 내 고초와 재난 곧 쑥과 담즙을 기억하소서

20 내 마음이 그것을 기억하고 내가 낙심이 되오나

21 이것을 내가 내 마음에 담아 두었더니 그것이 오히려 나의 소망이 되었사옴은

22 여호와의 인자와 긍휼이 무궁하시므로 우리가 진멸되지 아니함이니이다

23 이것들이 아침마다 새로우니 주의 성실하심이 크시도소이다

24 내 심령에 이르기를 여호와는 나의 기업이시니 그러므로 내가 그를 바라리라 하도다

(개역개정 성경)

*오늘 말씀의 이야기를
생각하며 그림을 색칠
합니다.

🏠 5. 온 가족 마음 하나 되기

*말씀 해설을 인도자가 낭독하며 본문을 정리합니다.
*자녀 중 고학년의 자녀 혹은 부모가 담당합니다.

기억해요!

예레미야 선지자는 모든 것이 무너져도 하나님 한 분만 함께하시면 괜찮다고 믿었어요. 그래서 끝까지 하나님을 바라며 소망을 품었어요.

*자녀 중 담당자가 가족의 마음을 나누도록 인도합니다.

예루살렘은 바벨론에 의해 완전히 무너졌어요. 성벽은 무너지고 성전은 불탔어요. 많은 사람들이 바벨론 포로로 끌려갔어요. 예레미야 선지자는, 하나님께 죄를 지어 모든 것이 망가져 버린 이스라엘 민족의 모습을 보며 너무 마음이 아팠어요. 절망적인 상황이었지만, 그래도 하나님께서 함께하실 것이라는 소망을 잃지 않았어요. 그래서 이렇게 고백했어요. "여호와는 나의 기업이시니, 내가 그를 바라리라."

'기업'이란 이스라엘에서 부모님에게 받는 땅이나 재산 같은 소중한 것을 말해요. 예레미야 선지자는 바벨론에 의해 모든 기업을 잃었어요. 하지만 소망을 잃지 않고, 땅이나 재산이 아닌 하나님이 진짜 자신의 기업이라고 말한 것이죠. 모든 것이 무너져도 하나님 한 분만 함께하시면 괜찮다고 믿었어요. 그래서 끝까지 하나님을 바라며 소망을 품었어요.

1. '기업'이란 어떤 의미인가요?

예) 이스라엘 민족에게 아주 중요했던 땅, 유산, 재산 같은 것을 말해요.

2. 예레미야 선지자는 절망적인 상황에서 어떻게 소망을 품었나요?

예) 모든 것이 무너져도 기업이신 하나님 한 분만 함께하시면 괜찮다고 믿으며 소망을 품었어요.

3. 우리가 힘들 때 가장 먼저 찾고 도움을 구해야 할 분은 누구신가요? 또 우리를 도와주실 분은 누구신가요?

예) 하나님이에요.

예) 하나님께서는 저에게 가장 소중한 분이에요. 어떠한 상황에서도 하나님을 기억하고 소망을 품을게요.

예수님의 이름으로 기도드립니다. 아멘.

🏠 6. 온 가족 함께 기도하기!

*빈칸에 한 줄 기도문을 적고, 가족들이 한 명씩 차례대로 읽으며 기도합니다.

🏠 7. 주기도문

*함께 주님이 가르쳐주신 기도를 드립니다.
*활동자료 _ 책갈피를 활용합니다.

우리 가족 날마다 말씀따라 **소망의 삶을 연습하는 우리 가정**

믿음의 가정 미션　**소망의 카드 놀이**

준비해요!

소망카드(활동자료 227쪽), 필기도구

이렇게 해요!

1. 활동자료의 소망카드를 떼어 준비해요.

2. 카드를 선택하며 소망의 고백을 해봐요.

3. 고백의 문장은 3개의 카드를 선택해 만들 수 있어요. 아래의 예시처럼 카드를 선택해 고백해요.

4. 단, 고백의 마지막은 "나는 하나님만 바라볼래요!" 카드를 꼭 선택해 소망의 고백을 연습해요.

5. 빈칸이 있는 카드는 더 자유롭게 자세한 내용을 나눌 수 있는 카드로 활용하세요.

카드 선택의 예시

6. 한 사람이 소망의 고백을 하면, 나머지 가족은 "아멘!"이라고 크게 외쳐요.

7. 소망의 고백을 한 사람은 왜 그 카드를 골랐는지 오늘 있었던 일을 가족과 나누고, 위로와 응원의
   시간을 가져요.

8. 가족을 위한 기도를 하며 마쳐요.

　"하나님, 오늘 우리 가족에게 여러 가지 일이 있었어요. 하지만 하나님께서 함께하시고 도와주실
　것을 믿어요. 끝까지 하나님을 소망하고 바라보는 우리 가정이 되게 해주세요. 예수님의 이름으로
　기도드립니다. 아멘."

8주차

순종하는 우리 가정이 되겠어요!

| 오늘의 말씀: 사무엘상 15장 16~23절
| 오늘의 예배인도자:

월   일   요일

🏠 1. 예배의 부름

하나님은 영이시니 예배하는 자가 영과 진리로 예배할지니라

(요한복음 4장 24절)

🏠 2. 찬송

*제시된 찬양 또는 온 가족이 함께 부를 수 있는 곡을 선택하여 가족이 함께 찬양합니다.

🎵 찬양하라 내 영혼아 (찬송가 621장)

🏠 3. 사도신경

*사도신경으로 함께 고백합니다.
*활동자료_ 책갈피를 활용합니다.

🏠 4. 기도

*가족 중 한 명이 준비하여 대표기도 합니다.
*자녀들 기도는 부모가 도와주어 준비하고, 아주 어린 자녀의 경우, 부모가 기도합니다.

하나님 아버지!/ 우리 가족이/ 함께 모여/ 예배드리는 이 시간이/ 정말 좋아요./
이 시간 드리는/ 가정예배 가운데/ 하나님께서/ 함께 하실 것을/ 믿어요./
예수님의 이름으로 기도드립니다./ 아멘.

5. 성경봉독

*인도자가 봉독하거나,
온 가족이 교독합니다.
*22절 외에도, 성경책
을 찾아 <u>사무엘상 15장
16~23절을 모두 봉독</u>
해도 좋습니다.

사무엘상 15장 22절

사무엘이 이르되 여호와께서 번제와 다른 제사를 그의 목소리
를 청종하는 것을 좋아하심 같이 좋아하시겠나이까 순종이 제
사보다 낫고 듣는 것이 숫양의 기름보다 나으니

(개역개정 성경)

6. 온 가족 말씀

*말씀 해설을 인도자가 낭독합니다.
*인도자는 말씀을 준비하며 깨달은 점과 말씀을 우리 가족에게 적용할 수 있는 질문을 준비하여 가족과 함께 나눠 주어도 좋습니다.

하나님께서 사울 왕에게 명령하셨어요. "아말렉을 완전히 멸하라! 사람도, 짐승도 하나도 남기지 말라!" 사울 왕은 군대를 모아 아말렉을 공격했고 큰 승리를 거두었어요. 그런데 그는 가장 좋아 보이는 양과 소, 귀한 가축들을 죽이지 않고 남겨 두었어요. 하나님께서는 순종하지 않는 사울의 모습을 보시고, 그를 왕으로 세우신 것을 후회하셨어요. 사무엘 선지자는 하나님의 마음을 사울 왕에게 전하여 책망했어요. 하지만 사울 왕은 이렇게 변명했어요. "나는 하나님의 명령에 순종했습니다. 내가 귀한 가축들을 죽이지 않은 것은 하나님께 제사를 드리려고 남겨둔 것입니다." 사무엘 선지자는 단호하게 말했어요. "순종이 제사보다 낫고, 듣는 것이 숫양의 기름보다 낫습니다!"

하나님의 말씀을 그대로 따르며 순종하는 것이, 하나님께 좋은 숫양의 기름으로 제사를 드리는 것보다 더 중요해요. 하나님의 말씀을 따르지 않으면서, 값비싼 제물만 드리는 일은 하나님께서 기뻐하지 않으세요.

우리 가정이 하나님의 말씀에 순종하기로 해요. 순종이란 하나님의 말씀을 듣고 그대로 행하는 거예요. 하나님을 믿고 사랑하기 때문에 말씀을 따르는 거예요. 사울처럼 말로만 "네"하고 행동으로 따르지 않거나, 내가 원하는 부분만 순종하는 것은 진짜 순종이 아니에요. 하나님의 말씀에 순종하는 우리 가정이 되기로 해요.

기억해요!

순종이란 하나님의 말씀을 듣고 그대로 따라 행하는 거예요. 하나님을 믿고 사랑하기 때문에 하나님의 말씀을 그대로 따르는 거예요.

하나님의 말씀에 순종하는 우리 가정이 되게 해 주세요. 순종하고 싶을 때만 순종하거나, 내가 원하는 말씀만 따르지 않게 해 주세요. 하나님 말씀에 항상 "네"하고 따르는 우리 가정이 되게 해 주세요. 예수님의 이름으로 기도드립니다. 아멘.

우리 가족 날마다 말씀따라 순종의 길 보드게임

믿음의 가정 미션 온 가족이 함께 즐거운 보드게임을 하며, 이번 주간 믿음의 가정 미션을 수행해 보아요!

준비해요!

순종의 길 보드게임 판(활동자료 229쪽), 말(동전이나 단추 등), 주사위

tip. 가정에 주사위가 없다면 각 쪽지에 숫자를 1~6까지 적고 쪽지를 뽑아 나오는 숫자만큼 말을 이동해요.

이렇게 해요!

1. 활동자료에서 순종의 길 보드게임 판을 떼어 준비해요.

2. 가족 수를 고려해 팀전 혹은 개인전으로 진행할 수 있어요.

3. 주사위를 던져 나오는 숫자만큼 말을 이동해요.

4. 도착한 칸의 미션을 확인하고 순종해요. 순종하지 못하면 벌칙으로 말을 두 칸 뒤로 이동해요.

5. 빈칸에 도착하면 미션 없이 진행해요.

6. 먼저 마지막 도착점에 가면 승리해요.

9주차

성경은 하나님의 말씀이에요

| 오늘의 말씀 : 디모데후서 3장 16절

| 오늘의 예배인도자 :

1. 온 가족 찬양

*우리 가정에서 잘 부르는 찬양으로 온 가족이 함께 찬양합니다.

♬ 달고 오묘한 그 말씀 (찬송가 200장)

2. 온 가족 기도

*기도를 준비한 가족이 대표기도합니다.
*어린 자녀의 경우, 부모를 따라 한 구절 한 구절 따라 기도합니다.

하나님 아버지!/ 우리 가족이/ 함께 모여서/ 예배하는 이 시간이/ 정말 좋아요./
이 시간 드리는/ 가정예배 가운데/ 하나님께서/ 함께하실 것을/ 믿어요./
예수님의 이름으로 기도드립니다./ 아멘.

3. 온 가족 성경 읽기

*담당한 가족이 오늘의 말씀을 소개합니다.

디모데후서 3장 16절
모든 성경은 하나님의 감동으로 된 것으로 교훈과 책망과 바르게 함과 의로 교육하기에 유익하니
(개역개정 성경)

*온가족이 함께 손유희를 하며 말씀을 암송합니다.

이렇게 암송해요!

암송 1단계: 다 함께 큰 소리로 말씀을 읽어요. 어린 자녀를 위해 한두 단어씩 끊어 읽어도 좋아요.

암송 2단계: 손유희 동작을 함께 만들어봐요(아래 손유희 예시를 따라 해도 좋아요).

암송 3단계: 만든 손유희 동작을 함께 반복하며 암송해요.

손유희 예시

모든 성경은	하나님의	감동으로 된 것으로	교훈과

| 두 손바닥을 펴서 위아래로 포갰다가, 한 손을 펴서 성경책 모양을 만들어요. | 두 손을 펴서 머리 위로 들어올려요. | 올린 손을 반짝반짝 흔들며 천천히 내려요. | 한 손 검지손가락을 펴서 머리를 가리켜요. |

책망과	바르게 함과	의로 교육하기에	유익하니

 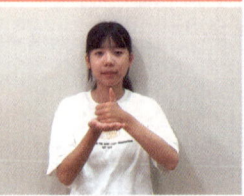 

| 한 손 주먹을 쥐고 가슴을 두 번 두드려요. | 두 손을 배 위에 다소곳하게 올려요. | 한 손바닥을 펴고, 그 위에 다른 손 엄지손가락을 세워요. | 이전 동작('의로 교육하기에')을 유지한 채 앞으로 쭉 뻗어요. |

디모데후서	3장	16절 말씀	아멘

 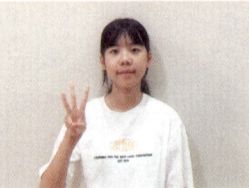   

| 손바닥을 펴서 위아래로 포갰다가 한 손을 펴서 성경책 모양을 만들어요. | 한 손 손가락 세 개를 펴서 숫자 3을 만들어요. | 두 손을 모두 펴서 숫자 10을 만들고, 한 손 엄지와 다른 손은 손가락을 모두 펴서 숫자 16을 만들어요. | 두 번 손뼉을 쳐요. |

5. 온 가족 마음 하나 되기

*인도자가 말씀 해설을 나눕니다.

기억해요!

성경은 하나님의 참된 말씀이고, 우리를 바르게 가르치고, 잘못을 고쳐주며, 하나님이 보시기에 옳은 길로 가게 인도합니다.

*암송을 반복합니다.

에베소 교회에는 예수님의 말씀을 다르게 가르치는 거짓 교사들이 있었어요. 또 어떤 사람들은 복음보다 자기 생각이나 세상의 이야기들을 더 믿고 따르기도 했지요. 그래서 바울은 에베소 교회에 남아 성경을 가르치던 디모데에게 편지를 써서 간절히 말했어요. "성경은 하나님의 참된 말씀이고, 우리를 바르게 가르치고, 잘못을 고쳐주며, 하나님이 보시기에 옳은 길로 가게 인도해 준단다."

바울은 디모데를 통해 에베소 교회가 하나님 말씀을 붙잡고 끝까지 믿음을 지키길 간절히 바랐어요. 우리도 믿음을 지키기 위해서는 반드시 성경을 읽어야 해요. 성경이 우리를 옳은 길로 인도해 줘요.

6. 온 가족 함께 기도하기!

*깨달은 말씀을 생각하며 함께 기도합니다.

하나님, 하나님의 말씀이 담긴 성경을 늘 읽겠어요. 우리를 바르게 가르치고, 잘못을 고쳐주며, 옳은 길로 가게 해 주는 성경 말씀을 따라 살겠어요. 예수님의 이름으로 기도드립니다. 아멘.

7. 주기도문

*함께 주님이 가르쳐주신 기도를 드립니다.
*활동자료_책갈피를 활용합니다.

우리 가족 날마다 말씀따라 **말씀을 암송하는 삶을 연습하는 우리 가정**

믿음의 가정 미션　말씀을 쓰며 암송해요!

1. 첫 글자를 보고 유추하여 말씀을 적고 암송해요.

　　모든 성경은　　　　하　　　　　　　　감

　　교　　　　　　　책　　　　　　　　바

　　의　　　　　　　　　　　　유

　　디모데후서　　　　　　장　　　　절

2. 말씀을 따라 써요.

모든 성경은
하나님의 감동으로 된 것으로
교훈과 책망과 바르게 함과 의로
교육하기에 유익하니
디모데후서 3장 16절

tip. 글씨를 모르는 어린 자녀는 두 번째 활동을 해요.

10주차

인내하며 선한 씨앗을 심어요

| 오늘의 말씀: 갈라디아서 6장 7~10절
| 오늘의 예배인도자:

🏠 1. 예배의 부름

이제부터 영원까지 여호와의 이름을 찬송할지로다

(시편 113편 2절)

🏠 2. 찬송

*제시된 찬양 또는 온 가족이 함께 부를 수 있는 곡을 선택하여 가족이 함께 찬양합니다.

♫ 해요 해요

🏠 3. 사도신경

*사도신경으로 함께 고백합니다.
*활동자료 _ 책갈피를 활용합니다.

🏠 4. 기도

*가족 중 한 명이 준비하여 대표기도 합니다.
*자녀들 기도는 부모가 도와주어 준비하고, 아주 어린 자녀의 경우, 부모가 기도합니다.

하나님 아버지!/ 우리 가족이/ 함께 모여서/ 예배하는 이 시간이/ 정말 좋아요./ 이 시간 드리는/ 가정예배 가운데/ 하나님께서/ 함께하실 것을/ 믿어요./ 예수님의 이름으로 기도드립니다./ 아멘.

갈라디아서 6장 7~10절

7 스스로 속이지 말라 하나님은 업신여김을 받지 아니하시나니
　사람이 무엇으로 심든지 그대로 거두리라

8 자기의 육체를 위하여 심는 자는 육체로부터 썩어질 것을 거
　두고 성령을 위하여 심는 자는 성령으로부터 영생을 거두리라

9 우리가 선을 행하되 낙심하지 말지니 포기하지 아니하면 때
　가 이르매 거두리라

10 그러므로 우리는 기회 있는 대로 모든 이에게 착한 일을 하
　되 더욱 믿음의 가정들에게 할지니라

(개역개정 성경)

6. 온 가족 말씀

*말씀 해설을 인도자가 낭독합니다.
*인도자는 말씀을 준비하며 깨달은 점과 말씀을 우리 가족에게 적용할 수 있는 질문을 준비하여 가족과 함께 나눠주어도 좋습니다.

기억해요!

예수님을 믿으며 가족과 이웃과 함께 선을 행하며 사는 일은, 때론 어려워도 참고 믿음으로 기다리는 것이 필요해요. 이것이 '인내'예요.

땅에 씨앗을 심으면 바로 열매가 생기나요? 아니죠. 싹이 나고, 줄기가 자라고, 꽃이 피는 과정을 거치려면 오랜 기다림이 필요해요. 우리가 예수님을 믿으며 가족과 이웃과 함께 선을 행하는 일도 같아요. 때로는 어려워도 참고 믿음으로 기다리는 것이 필요해요. 이것을 '인내'라고 해요.

우리는 인내하며 성령님이 기뻐하시는 선한 씨앗을 심어야 해요. 어떻게 하는 것이 선한 씨앗을 심는 걸까요? 우리의 가족과 이웃이 잘못을 저질렀을 때 실망하거나 비난하지 말고 회개하도록 바로잡아 주어야 해요. 또 어렵고 힘든 사람이 있다면 모른척하지 말고 함께 도와줘야 해요. 그런데 이렇게 하려면 오래 참고 기다리는 일이 필요해요. 바로 인내해야 하는 것이죠.

선한 씨앗을 심다가 때로는 지치고 실망할 수도 있어요. 가족과 이웃을 돕는 일이 소용없어 보여 포기하고 싶을 때도 있을 거예요. 하지만 성경은 분명히 약속하고 있어요. 우리가 포기하지 않고 인내하며 선한 씨앗을 심으면 하나님께서 반드시 우리에게 좋은 열매를 주실 거예요.

7. 함께 기도

*깨달은 말씀을 생각하며 함께 기도합니다.

하나님, 우리 가족이 인내하며 성령님을 기쁘시게 하는 선한 씨앗을 심을게요. 힘들어도 가족과 이웃을 사랑하며 돕고 섬길게요. 예수님의 이름으로 기도드립니다. 아멘.

8. 주기도문

*함께 주님이 가르쳐주신 기도를 드립니다.
*활동자료_책갈피를 활용합니다.

우리 가족 날마다 말씀따라 **주중 예배에 참석해요!**

믿음의 가정 미션 **온 가족이 함께 주중 예배 참석해요!**

　이번 주 가정예배의 말씀(갈라디아서 6장 7~10절)을 기억하며 성령님을 기쁘시게 하는 예배의 씨앗을 심어요. 가족과 함께 주중 예배에 참석하기로 해요!

　가족들과 의논해 아래에 적어보세요.

> 우리 가정은 이번주
> (수요 / 금요 / 새벽)예배에
> 참석하겠습니다!

예배 드릴 날짜와 시간을 적어보세요.

11주차

하나님과 동행하는 우리 가정

| 오늘의 말씀: 미가 6장 8절
| 오늘의 예배인도자:

🏠 1. 온 가족 찬양

*우리 가정에서 잘 부르는 찬양으로 온 가족이 함께 찬양합니다.

♫ 예수께로 가면 (찬송가 565장)

🏠 2. 온 가족 기도

*기도를 준비한 가족이 대표기도합니다.
*어린자녀의 경우, 부모를 따라 한 구절 한 구절 따라 기도합니다.

사랑이 많으신 /하나님 아버지!

오늘 하루도 지켜주시고/ 가정예배를/ 드리게 하시니/ 감사합니다./

가정예배를 통해/ 주님의 말씀을/ 깨닫게 하시고./ 말씀에 순종하며 살아가는/

우리 가정되게/ 해 주세요./ 예수님의 이름으로 기도드립니다./ 아멘.

🏠 3. 온 가족 성경 읽기

*담당한 가족이 오늘의 말씀을 소개합니다.

미가 6장 8절

사람아 주께서 선한 것이 무엇임을 네게 보이셨나니 여호와께서 네게 구하시는 것은 오직 정의를 행하며 인자를 사랑하며 겸손하게 네 하나님과 함께 행하는 것이 아니냐 (개역개정 성경)

1. 주께서 사람에게 보여주신 것은 무엇인가요?

선한 것이 무엇임을

1-1. 전반부를 연결해서 외워보세요.

사람아 주께서 선한 것이 무엇임을 네게 보이셨나니

2. 여호와께서 네게(우리에게) 구하시는 것 세 가지는 무엇인가요?

하나, 오직 정의를 행하며
하나, 인자를 사랑하며
하나, 겸손하게 네 하나님과 함께 행하는 것

3. 미가 6장 8절의 말씀을 처음부터 끝까지 눈을 감고 말해보세요. 3회 반복하며
말씀을 암송해요.

사람아 주께서 선한 것이 무엇임을 네게 보이셨나니 여호와께서 네게 구하시
는 것은 오직 정의를 행하며 인자를 사랑하며 겸손하게 네 하나님과 함께 행하
는 것이 아니냐(미가 6장 8절)

5. 온 가족 마음 하나 되기

*인도자가 말씀 해설을 나눕니다.

오늘의 말씀은 하나님께서 우리에게 진정으로 원하시는 것이 무엇인지 알려줘요. 그것은 정의를 실천하고, 사랑을 베풀며, 하나님과 동행하는 거예요. 하나님과 동행한다는 것은 말씀에 순종하며 하나님의 인도하심을 따르는 것을 말해요. 하나님은 이렇게 우리 가정이 겸손하게 하나님과 동행하기를 원하세요.

기억해요!

하나님과 동행한다는 것은 말씀에 순종하며, 하나님의 인도를 따라가는 거예요.

*암송을 반복합니다.

6. 온 가족 함께 기도하기!

*깨달은 말씀을 생각하며 함께 기도합니다.

말씀을 주시는 하나님! 오늘 말씀을 통해 하나님께서 진정으로 원하시는 것이 무엇인지 배웠습니다. 정의를 실천하고, 사랑을 베풀며, 하나님과 동행하며 살아가는 우리 가정이 되게 해 주세요. 예수님의 이름으로 기도드립니다. 아멘.

7. 주기도문

*함께 주님이 가르쳐주신 기도를 드립니다.
*활동자료 _ 책갈피를 활용합니다.

우리 가족 날마다 말씀따라 말씀 모닝콜

믿음의 가정 미션 한 주 동안, 미가 6장 8절의 말씀을 모닝콜로 들으며 말씀을 암송합니다.

1. 미가 6장 8절의 말씀을 랩 또는 음이 있는 노래로 자유롭게 만들어서 불러요.

2. 노래를 스마트폰에 녹음해요.

3. 한 주 동안 아침 모닝콜로 시간을 정해 재생해요.

　　tip. 잊지 않도록 알람을 꼭 설정해요!

4. 모닝콜이 울리면 소리를 듣고 암송하며 아침을 맞이해요.

말씀 모닝콜 출석부

요일	___요일	___요일	___요일	___요일	___요일	___요일	___요일
출석							

*다음 주 '자녀가 인도하는 예배'를 위해, 예배 인도할 자녀를 정하여 예배를 준비합니다. 자녀가 어리면 부모가 인도합니다.

12주차

작은 일에 최선을 다해요

| 오늘의 말씀: 마태복음 25장 14~28절

| 오늘의 예배인도자:

🏠 1. 온 가족 찬양

*우리 가정에서 잘 부르는 찬양으로 온 가족이 함께 찬양합니다.

🎵 좋으신 하나님

🏠 2. 온 가족 기도

*기도를 준비한 가족이 대표기도합니다.
*어린 자녀의 경우, 부모를 따라 한 구절 한 구절 따라 기도합니다.

사랑이 많으신 /하나님 아버지!

오늘 하루도 지켜주시고/ 가정예배를/ 드리게 하시니/ 감사합니다./

가정예배를 통해/ 주님의 말씀을/ 깨닫게 하시고,/ 말씀에 순종하며 살아가는/

우리 가정되게/ 해 주세요./ 예수님의 이름으로 기도드립니다./ 아멘.

🏠 3. 온 가족 성경 읽기

*예배를 인도하는 자녀가 성경 말씀을 읽습니다.

*오늘 말씀 이외에 '새한글 성경'으로 마태복음 25장 14~28절 말씀을 반드시 이어서 읽습니다. 아래 Q.R.을 이용하세요.

마태복음 25장 14~19절

14 "그것은 먼 길 나서는 어떤 사람의 경우와 같아요. 그가 자기 종들을 불러서 그들에게 자기 재산을 맡겼습니다.

15 어떤 사람에게는 5달란트를, 어떤 사람에게는 2달란트를, 또 어떤 사람에게는 1달란트를 주었습니다. 저마다 그 사람의 능력에 따른 것이지요. 그러고는 먼 길을 떠났습니다.

16 5달란트 받은 종이 곧바로 나가서 그걸로 사업을 했어요. 그래서 이익으로 5달란트를 더 벌어들였습니다.

17 마찬가지로 2달란트 받은 종도 이익으로 2달란트를 더 벌어들였습니다.

18 그런데 1달란트 받은 종은 가서 땅을 파고 자기 주인의 은돈을 숨겨 두었어요.

19 시간이 많이 흐른 뒤에 바로 그 종들의 주인이 돌아와서 그들과 장부를 맞춰 보았습니다. (새한글 성경)

*본문의 이야기를 생각
하며 색칠해 봅니다.

5. 온 가족 마음 하나 되기

*말씀 해설을 인도자가 낭독하며 본문을 정리합니다.
*자녀 중 고학년의 자녀 혹은 부모가 담당합니다.

기억해요!

달란트 비유에서 달란트란, 각 사람이 하나님께로 받은 시간, 재능, 기회 등 모든 것을 말해요.

*자녀 중 담당자가 가족의 마음을 나누도록 인도합니다.

어떤 주인이 다른 나라로 떠나면서 세 명의 종에게 각각 달란트를 맡겼어요. 다섯 달란트와 두 달란트 받은 종들은 받은 것을 열심히 사용해서 각각 두 배로 늘렸어요. 하지만 한 달란트 받은 종은 그 돈을 땅에 묻었어요. 돈을 잃게 되는 것이 두려워서 아무것도 하지 않았지요. 다시 돌아온 주인은 자신이 받은 달란트를 열심히 사용한 종들을 칭찬했지만, 아무것도 하지 않고 묻어둔 종은 아주 심하게 혼냈어요. 하나님께서는 우리에게도 달란트를 주셨어요. 우리가 받은 달란트의 수에 상관없이 최선을 다해 사용하면 하나님께서 기뻐하세요. 하지만 두려워하는 마음, 비교하는 마음, 게으르고 나태한 마음을 가지고 내가 해야 할 일을 피한다면, 그것은 하나님이 주신 달란트를 땅에 묻어버리는 것과 같아요. 오히려 하나님을 슬프게 하는 행동이에요.

1. 하나님께서 나에게 주신 달란트는 무엇인가요?

2. 하나님께서 자녀에게 주신 달란트는 무엇인가요? 서로의 특별한 달란트를 찾아 이야기해요.

6. 온 가족 함께 기도하기!

*깨달은 말씀을 생각하며 함께 기도합니다.

우리 모두에게 특별한 재능을 주신 하나님! 하나님이 주신 달란트를 최선을 다해 사용하도록 도와주세요. 달란트를 잘 사용해 하나님께 기쁨이 드리고, 사람들에게 도움을 주는 저희 가정이 되게 해 주세요. 예수님의 이름으로 기도드립니다. 아멘.

7. 주기도문

*함께 주님이 가르쳐주신 기도를 드립니다.
*활동자료_책갈피를 활용합니다.

우리 가족 날마다 말씀따라 **슬기로운 달란트 활용법 훈련**

믿음의 가정 미션   하나님께서 나에게 주신 달란트를 사용해, 이번 한 주간 가족을 섬기고 기쁘게 하는 임무를 수행합니다.

1. 나의 달란트를 적어주세요.

예) 예쁜 목소리, 팔뚝 힘, 운동, 미술 등

2. 나의 달란트를 사용해 가족을 위해 할 일을 적어주세요.

예) 가족을 위해 저녁 식사 후, 찬양/ 야근하시는 아빠를 위해 어깨 안마/ 저녁마다 운동하는 큰 아들과 함께 줄넘기 운동 등

_____ 를 위해   _____ 를 위해

할래요.   할래요.

_____ 를 위해   _____ 를 위해

할래요.   할래요.

3. 다음 주 가정예배 전, 서로를 위해 애쓴 가족을 칭찬하고 내가 들은 칭찬을 적어요.

예) 찬양에 은혜받았어. 고마워.

13주차 주 안에서 항상 기뻐해요

| 오늘의 말씀·빌립보서 4장 4절
| 오늘의 예배인도자:

🏠 1. 온 가족 찬양

*우리 가정에서 잘 부르는 찬양으로 온 가족이 함께 찬양합니다.

♬ 주 예수 사랑 기쁨

🏠 2. 온 가족 기도

*온 가족이 한 목소리로 기도문을 따라 기도합니다.
*어린 자녀의 경우, 부모를 따라 한 구절 한 구절 따라 기도합니다.

사랑이 많으신 /하나님 아버지!

오늘 하루도 지켜주시고/ 가정예배를/ 드리게 하시니/ 감사합니다./

가정예배를 통해/ 주님의 말씀을/ 깨닫게 하시고,/ 말씀에 순종하며 살아가는/

우리 가정되게/ 해 주세요./ 예수님의 이름으로 기도드립니다./ 아멘.

🏠 3. 온 가족 마음 이야기

*인도자는 한 주간 가족들의 삶을 질문하고, 질문에 따라 삶을 나누도록 인도합니다.

1. 이번 한 주간 가장 기뻤던 순간을 나눠주세요. 이야기 할 때는 '누가, 언제, 어디서, 무엇을, 어떻게, 왜'를 생각하며 말해 주세요.

2. 이번 한 주간 가장 속상했던 순간을 나눠주세요. 이때도 '누가, 언제, 어디서, 무엇을, 어떻게, 왜'를 생각하며 말해 주세요.

🏠 **4. 온 가족 성경 읽기**

*오늘 묵상 본문을 온가족이 함께 3번 읽습니다.

빌립보서 4장 4절

주님 안에서 언제나 기뻐하십시오. 다시 말하겠습니다.

기뻐하십시오! (새한글 성경)

🏠 **5. 온 가족 생각 나누기**

*오늘 읽은 성경말씀을 잠시 묵상합니다. 그리고 아래의 질문을 함께 나누어 봅니다.

1. 오늘 말씀에 "주님 안에서" 기뻐하라고 하신 이유는 무엇일까요?

예) 주님 안에서 기쁨은 단순히 낙관적이고 긍정적 태도에서 오는 기쁨과는 달라요. 하나님을 믿고 예수님을 마음에 모시면, 우리가 주님의 자녀가 되고, 그로 인한 만족과 기쁨이 있기 때문이에요. 그렇기에 말씀은 "주님 안에서" 기뻐하라고 말합니다.

2. 언제나 기뻐하고 있나요? 언제나 기뻐하지 못하는 이유가 있나요?

3. 속상한 일이 생겼을 때 어떻게 기뻐할 수 있나요?

예) 속상한 마음이 드는 것은 자연스러운 감정이에요. "속상하겠다."라며 우리의 마음을 잘 보듬어주세요. 그리고 우리를 사랑하시는 주님께서 항상 함께하시고 늘 지키신다는 것을 꼭 기억해 주세요. 주님 안에 참된 기쁨이 있어요.

🏠 6. 온 가족
하나되기

*인도자가 말씀 해설을
나눕니다.

오늘 말씀을 기억하지요? 주님 안에서 우리가 해야 할 것은 기뻐하는 것이에요. 상황이 좋을 때나, 나쁠 때도 언제나요. 우리 가족 모두가 매일 아침 서로에게 환한 미소를 보이며 기쁨으로 하루를 시작해요.

기억해요!
항상 기뻐할 수 있는 것은 우리를 너무나 사랑하시는 주님께서 우리와 항상 함께 하시기 때문이에요.

*빈칸을 적고 각자 결단한 것을 나누어 봅니다.

나는 _____ 해서 기뻐하지 못했지만

말씀을 따라 ~~주님 안에서 언제나~~ 기뻐하겠습니다.

🏠 7. 온 가족 함께
기도하기!

*깨달은 말씀을 생각하며 함께 기도합니다.

참된 기쁨 주시는 하나님! 주님이 주시는 기쁨이 사랑하는 우리 가정에게 항상 있기를 원해요. 주님이 얼마나 우리를 사랑하시는지 매일 알게 해주셔서 주님이 주시는 기쁨을 잃지 않게 도와주세요. 예수님의 이름으로 기도드립니다. 아멘

🏠 8. 주기도문

*함께 주님이 가르쳐주신 기도를 드립니다.
*활동자료_책갈피를 활용합니다.

우리 가족 날마다 말씀따라 **일상 속 기쁨을 포착해요!**

믿음의 가정 미션 스쳐 지나가는 일상 속 기쁨을 발견하는 활동입니다.

'아주 보통의 하루(아보하)'는 우리에게 정말 소중한 순간이에요. 보통의 일상 중 기쁨을 기록하며 기쁨 감수성 훈련을 합니다.

준비해요!

휴대폰 카메라, 필기도구

이렇게 해요!

1. 한 주 동안 매일 내가 기뻤던 순간을 촬영해요.

    예) 내가 좋아하는 간식을 편의점에서 찾았을 때, 놀이터에 갔는데 친구를 만났을 때, 게임에서 1등을 했을 때, 등 보통의 하루 중 기쁨의 순간을 사진으로 찍어요.

2. 핸드폰이 없는 경우, 보호자의 도움을 받아요.

3. 저녁 식사 후, 가족이 함께 모여 찍은 사진을 보면서 '왜 기뻐했는지?', 기쁨의 이유를 나눠요.

14주차 섬기는 사람이 진짜 큰 사람

| 오늘의 말씀: 마가복음 10장 35~45절

| 오늘의 예배인도자:

🏠 **1. 온 가족 찬양**

*우리 가정에서 잘 부르는 찬양으로 온 가족이 함께 찬양합니다.

♬ 나는 나는 작은 섬김이

🏠 **2. 온 가족 기도**

*기도를 준비한 가족이 대표기도합니다.
*어린자녀의 경우, 부모를 따라 한 구절 한 구절 따라 기도합니다.

사랑이 많으신 /하나님 아버지!

오늘 하루도 지켜주시고/ 가정예배를/ 드리게 하시니/ 감사합니다./

가정예배를 통해/ 주님의 말씀을/ 깨닫게 하시고,/ 말씀에 순종하며 살아가는/

우리 가정되게/ 해 주세요./ 예수님의 이름으로 기도드립니다./ 아멘.

🏠 **3. 온 가족 성경 읽기**

*예배 인도자는 제시된 말씀 이외에 마가복음 10장 35~45절 말씀을 '새한글 성경'본으로 찾아 낭독합니다. 아래 Q.R.을 이용하세요.

*제시된 본문을 가족이 돌아가면서 2절씩 다시 한번 읽습니다.

마가복음 10장 42~45절

42 그러자 예수님이 제자들을 가까이 불러서 말씀하신다. "그대들은 알고 있어요. 다른 민족들 사이에서 통치자로 통하는 사람들은 주인처럼 다른 사람들을 마구 부려 먹습니다. 또 그들 가운데 윗사람들은 다른 사람들에게 권력을 함부로 휘두릅니다.

43 그러나 그대들 사이에서는 그렇지 않아요. 누구든 그대들 사이에서 높아지고 싶은 사람은 그대들을 섬기는 사람이 되어야 합니다.

44 누구든 그대들 가운데서 으뜸이 되고 싶은 사람은 모든 사람의 종이 되어야 합니다.

45 인자가 온 것은 섬김을 받으려는 것이 아니라 섬기기 위해서입니다. 또 자기 목숨을 내주기 위해서입니다. 많은 사람을 풀어 주는 대신에 치를 몸값으로요." (새한글 성경)

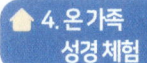 **4. 온 가족 성경 체험**

*오늘 읽은 성경 말씀의 이야기를 상상하여 우리를 섬기신 예수님을 그립니다.

오늘의 말씀 마가복음 10장 45절의 '인자가 온 것은 섬김을 받으려는 것이 아니라 섬기기 위해서 왔으며, 많은 사람을 풀어 주는 대신에 치를 몸 값으로 왔다'는 말씀처럼, 많은 사람을 섬기러 오신 예수님께서 우리를 어떻게 섬기셨는지 자유롭게 그려봅시다.

*온 가족이 성경 그림의 느낌을 나눕니다. 완성한 그림을 가족에게 설명합니다.

예) 십자가에 달리신 예수님, 십자가, 가시면류관, 못박히신 손 등

70

1. 야고보와 요한이 예수님께 특별한 부탁을 했습니다. "선생님께서 영광을 받으실 때에, 하나는 선생님의 오른쪽에, 하나는 선생님의 왼쪽에 앉게 하여 주십시오."라고 요청한 이유가 무엇일까요?

예) 그들은 예수님이 왕이 되시면 자신들을 가장 높은 자리에 앉길 원했어요. 마치 "선생님, 우리를 회장과 부회장으로 뽑아주세요"라고 부탁하는 것과 같아요.

2. 다른 열 명의 제자들이 야고보와 요한에게 화를 낸 진짜 이유는 무엇인가요?

예) 사실 다른 제자들도 똑같이 자신들도 높은 자리를 원했는데, 야고보와 요한이 먼저 부탁하자 불공평하다고 생각해 화가 났어요.

3. 예수님은 제자들에게 "누구든지 으뜸이 되고자 하는 사람은 모든 사람의 종이 되어야 한다."고 말씀하셨어요. 예수님의 말씀을 듣고 제자들은 어떤 마음이었을까요?

4. "모든 사람의 종이 되라"는 예수님의 말씀을 듣고, 나는 어떤 마음을 가져야 할까요?

세상을 섬기려고 오신 예수님, 우리 가족도 세상을 섬기는 큰 사람이 되게 해 주세요. 예수님의 이름으로 기도드립니다. 아멘.

우리 가족 날마다 말씀따라 **섬김을 칭찬합시다.**

믿음의 가정 미션　우리 가족의 섬김의 모습을 자랑하고, 예수님처럼 다른 사람을 섬긴 분을 찾아 칭찬해 보아요!

1. 우리 가족이 최근 다른 누군가를 섬겼던 모습을 칭찬해요. 부모님은 자녀를, 자녀는 부모님을 칭찬해요.

예) 엄마는 야근하는 아빠를 위해 지하철역으로 마중가심 / 아들은 마중간 엄마를 대신해 설거지를 담당함

2. 예수님처럼 다른 사람을 섬겼던 주변 사람이나 위인을 조사해 가족에게 소개해요. 아래 질문에 따라 소개해요.

① 소개할 사람의 이름은 무엇인가요?

② 무엇을 하며 어떻게 섬겼나요?

③ 그 인물의 활동과 헌신을 보며 어떤 생각이 드나요?

성령님이 전도의 능력을 주세요

15주차

| 오늘의 말씀: 사도행전 1장 8절
| 오늘의 예배인도자:

1. 예배의 부름

하나님은 영이시니 예배하는 자가 영과 진리로 예배할지니라
(요한복음 4장 24절)

2. 찬송

*제시된 찬양 또는 온 가족이 함께 부를 수 있는 곡을 선택하여 가족이 함께 찬양합니다.

♬ 내 안에 부어주소서

3. 사도신경

*사도신경으로 함께 고백합니다.
*활동자료 _ 책갈피를 활용합니다.

4. 기도

*가족 중 한 명이 준비하여 대표기도 합니다.
*자녀들 기도는 부모가 도와주어 준비하고, 아주 어린 자녀의 경우, 부모가 기도합니다.

사랑이 많으신 /하나님 아버지!
오늘 하루도 지켜주시고/ 가정예배를/ 드리게 하시니/ 감사합니다./
가정예배를 통해/ 주님의 말씀을/ 깨닫게 하시고,/ 말씀에 순종하며 살아가는/
우리 가정되게/ 해 주세요./ 예수님의 이름으로 기도드립니다./ 아멘.

🏠 5. 성경봉독

*인도자가 봉독하거나,
온 가족이 교독합니다.

사도행전 1장 8절

오직 성령이 너희에게 임하시면 너희가 권능을 받고 예루살렘과

온 유대와 사마리아와 땅 끝까지 이르러 내 증인이 되리라 하시

니라 (개역개정 성경)

6. 온 가족 말씀

*말씀 해설을 인도자가 낭독합니다.
*인도자는 말씀을 준비하며 깨달은 점과 말씀을 우리 가족에게 적용할 수 있는 질문을 준비하여 가족과 함께 나눠주어도 좋습니다.

함께 읽은 말씀은 예수님께서 승천하시기 전, 마지막으로 제자들에게 하신 말씀이에요.

예수님께서는 부활하신 후 만난 제자들에게 예루살렘을 떠나지 말고 하나님의 약속을 기다리라 당부하셨어요. 그 약속은 제자들이 성령으로 세례를 받는 것이었어요. 사도행전 1장 4~5절의 말씀을 함께 읽어봅시다.

> **"사도와 함께 모이사 그들에게 분부하여 이르시되 예루살렘을 떠나지 말고**
> **내게서 들은 바 아버지께서 약속하신 것을 기다리라 요한은 물로 세례를**
> **베풀었으나 너희는 몇 날이 못되어 성령으로 세례를 받으리라 하셨느니라"**

기억해요!

증인, 어떤 사건이나 사실에 대해 직접 경험하거나 알고 있는 것을 증언하는 사람을 의미해요.

제자들은 처음에는 사람들에게 예수님을 전할 용기가 없었어요. 예수님을 죽인 사람들이 무서웠어요. 하지만 성령으로 세례를 받은 후, 제자들은 예루살렘과 온 유대와 사마리아와 땅끝까지 예수님을 전하는 증인이 되었어요. 성령님께서 제자들과 함께 해주셨고, 예수님을 증거할 용기도 주셨어요. 예수님의 가르침을 바르게 이해하고 말씀에 순종하도록 능력을 주시는 분이 바로 성령님이에요. 성령님께서 주시는 능력이 있어야, 십자가에서 죽으시고 다시 살아나신 예수님을 담대히 증언할 수 있어요.

예수님께서는 우리도 예수님의 증인이 되기를 원하세요. 예루살렘, 온 유대와 사마리아와 땅끝까지 말이에요! 우리도 매일매일 만나는 가까운 사람들에게 먼저 복음을 전해야 해요. 가까운 가족, 친구, 친척에게 예수님의 사랑을 전하기로 해요. 성령님께서 우리가 말씀에 순종하고, 예수님을 전하도록 용기를 주실 거예요. 성령님이 주시는 능력으로 우리 모두 예수님을 전하는 증인이 되기를 소망합니다.

7. 함께 기도

*깨달은 말씀을 생각하며 함께 기도합니다.

하나님! 이 시간 우리와 함께하시는 성령님이 주시는 능력으로 충만하기를 원합니다. 우리 가족이 예수님을 전하는 증인 된 삶을 살아가도록 인도해 주세요. 예수님의 이름으로 기도드립니다. 아멘

8. 주기도문

*함께 주님이 가르쳐주신 기도를 드립니다.
*활동자료 _ 책갈피를 활용합니다.

우리 가족 날마다 말씀따라 **수요예배 드리는 복된 우리 가정**

믿음의 가정 미션 온 가족 함께 수요예배에 참여하며 '성령님'의 능력을 구합니다.

온 가족이 이번 주중 수요예배 참석을 약속하고, 수요예배 '기도' 순서에서 '성령님'을 의지하는 기도를 드리도록 미리 기도문을 준비해 봅시다.

예배 후, 성령님께서 주시는 나의 마음을 적어요. 성령님의 능력에 의지하여 복음의 증인으로 살아가 겠다고 결단합시다.

16 주차

하나님은 우리에게 구원을 선물로 주셨어요

| 오늘의 말씀: 에베소서 2장 8절

| 오늘의 예배인도자:

🏠 **1. 온 가족 찬양**

*우리 가정에서 잘 부르는 찬양으로 온 가족이 함께 찬양합니다.

🎵 손을 높이 들고 주를 찬양

🏠 **2. 온 가족 기도**

*기도를 준비한 가족이 대표기도합니다.
*어린 자녀의 경우, 부모를 따라 한 구절 한 구절 따라 기도합니다.

사랑이 많으신/ 하나님 아버지!/

오늘 하루도 지켜주시고/ 주님께 나아가게 하시니/ 감사합니다./ 우리 예배를/ 기쁘게 받아주세요./ 이 시간/ 하나님의 은혜를/ 부어주시고/ 성령으로 충만하게/ 해 주세요./ 하나님 사랑합니다./ 예수님 사랑합니다./ 성령님 사랑합니다./ 예수님의 이름으로 기도드립니다./ 아멘.

🏠 **3. 온 가족 성경 읽기**

*담당한 가족이 오늘의 말씀을 소개합니다.

에베소서 2장 8절
너희는 그 은혜에 의하여 믿음으로 말미암아 구원을 받았으니 이것은 너희에게서 난 것이 아니요 하나님의 선물이라
(개역개정 성경)

각 단계에 도전하며 빈칸에 말씀을 넣어 완성하고 암송합니다.

도전! 1단계

너희는 / 그 ○○ 에 의하여 / ○○ 으로 말미암아 /
○○ 을 받았으니 / 이것은 / 너희에게서 난 것이 아니
요 / 하나님의 ○○ 이라

도전! 2단계

○○ 는 / 그 ○○ 에 의하여 / ○○ 으로 말미암아 /
○○ 을 받았으니 / 이것은 / ○○ 에게서 난 것이 아
니요 / ○○○ 의 ○○ 이라

도전! 3단계

○○ 는 / 그 ○○ 에 ○○○ / ○○ 으로 ○○○○
/ ○○ 을 ○○ 으니 / 이것은 / ○○○○ 서 ○○
이 아니요 / ○○○ 의 ○○ 이라

**⬆ 5. 온 가족 마음
하나 되기**

*인도자가 말씀 해설을
나눕니다.

기억해요!

구원: 죄와 죽음에
서 벗어나 영원한 생
명을 얻는 것이에요.

구원은 죄와 죽음에서 벗어나 영원한 생명을 얻는 것을 말해요. 이것은 하나님이 우리에게 주신 선물이에요. 값없이, 대가 없이 주셨어요. 여기서 값없다는 말은 귀하지 않다는 뜻이 아니에요. 너무 귀해서 값을 매길 수 없다는 뜻이에요. 지식이 많거나, 착한 일을 많이 하거나, 큰 업적을 이루었다고 해서, 구원받을 수 있는 것이 아니예요. 오직 하나님의 은혜와 그 은혜를 받아들이는 믿음으로 구원받을 수 있어요. 하나님께서는 하나님과 예수님을 믿는 사람, 누구에게나 값없이 구원을 선물로 주세요.

*암송을 반복합니다.

**⬆ 6. 온 가족 함께
기도하기!**

*깨달은 말씀을 생각하
며 함께 기도합니다.

주님! 연약한 저희 가정을 붙들어주시고, 구원 얻는 믿음을 선물로 주심에 감사합니다. 구원이 하나님의 은혜요, 하나님의 선물임을 잊지 않게 하시고, 매일의 삶 속에서 감사와 겸손으로 살아가게 해 주세요. 예수님의 이름으로 기도드립니다. 아멘.

⬆ 7. 주기도문

*함께 주님이 가르쳐주
신 기도를 드립니다.
*활동자료 _ 책갈피를
활용합니다.

우리 가족 날마다 말씀따라 **순서대로 붙이며 암송해요.**

믿음의 가정 미션 활동스티커에서 에베소서 2장 8절의 말씀 구절을 찾아 순서대로 붙이며 말씀을 암송해요!

에베소서 2장 8절

---

*다음 주 자녀가 인도하는 예배를 위해, 예배 인도할 자녀를 정하여 예배를 준비합니다. 자녀가 어리면 부모가 인도합니다.

하나님의 말씀을 전수하는 우리가정

| 오늘의 말씀: 신명기 6장 4~9절
| 오늘의 예배인도자:

월   일   요일

1. 온 가족 찬양

*우리 가정에서 잘 부르는 찬양으로 온 가족이 함께 찬양합니다.

♫ 주님의 선하심_Goodness of God

2. 온 가족 기도

*기도를 준비한 가족이 대표기도합니다.
*어린 자녀의 경우, 부모를 따라 한 구절 한 구절 따라 기도합니다.

사랑이 많으신/ 하나님 아버지!/

오늘 하루도 지켜주시고/ 주님께 나아가게 하시니/ 감사합니다./ 우리 예배를/ 기쁘게 받아주세요./ 이 시간/ 하나님의 은혜를/ 부어주시고/ 성령으로 충만하게/ 해 주세요./ 하나님 사랑합니다./ 예수님 사랑합니다./ 성령님 사랑합니다./ 예수님의 이름으로 기도드립니다./ 아멘.

3. 온 가족 성경 읽기

*예배를 인도하는 자녀가 성경 말씀을 읽습니다.

신명기 6장 4~9절

4 들으십시오, 그대 이스라엘! 여호와 우리 하나님은 여호와 한 분이십니다.

5 여호와 그대의 하나님을 사랑하도록 하십시오. 온 마음과 온 정성과 온 힘으로요.

6 내가 오늘 그대에게 명령하는 이 말씀들을 그대의 마음에 담아 두도록 하십시오.

7 그 말씀들을 그대의 아들과 딸에게도 거듭 일러 주도록 하십시오. 그대가 집에 머물든지 길을 가든지, 눕든지 일어서든지 늘 그렇게 하도록 하십시오.

8 그 말씀들을 증표로 만들어 그대의 손에 매도록 하십시오. 작은 상자로 만들어 그대의 이마 한가운데에 묶어 두도록 하십시오.

9 또 그대 집 문기둥과 성문에도 적어 두도록 하십시오.

(새한글 성경)

*본문의 이야기를 생각
하며 색칠합니다.
*본문의 말씀을 기억하
며 모세가 이스라엘 백
성에게 전한 이야기를
요약해 말풍선에 적습
니다.

🏠 5. 온 가족 마음
하나 되기

*말씀 해설을 인도자가
낭독하며 본문을 정리
합니다.
*자녀 중 고학년의 자녀
혹은 부모가 담당합니다.

오늘 말씀인 신명기 6장은 이스라엘 백성이 40년의 광야 생활을 마치고 가나안 땅에 들어가기 직전에 하나님이 모세를 통해 주신 말씀이에요. 모세는 이스라엘의 광야 2세들이 가나안에서 하나님을 잊어버리고 우상숭배의 길로 가지 않도록 자녀의 신앙교육을 강조했어요. 가나안 땅은 다신교 문화였고, 바알과 아스다롯 같은 풍요와 다산의 신들을 섬기고 있었어요. 이런 환경에서 이스라엘 백성이 유일하신 하나님에 대한 신앙을 지키고 전수하는 것은 절대적으로 중요했어요.

모세는 신앙의 핵심 두 가지를 말해요. 첫째, "우리가 섬길 하나님은 오직 한 분이시다." 둘째, "전적으로 하나님을 사랑해라." 그리고 말씀을 듣는 우리가 말씀을 마음에 새길 것을 강조해요. 말씀을 마음에 새긴다는 것은 단순히 암송하는 것이 아니라 말씀을 온전히 따르는 것을 말해요. 말씀이 삶의 기준과 원칙이 되어야 해요. 또 하나 강조한 것이 있어요. 바로 자녀에게 말씀을 부지런히 가르치는 것이에요. 일상생활 속 언제 어디서나 반복적으로 가르쳐야 해요.

기억해요!

쉐마 이스라엘: 이
스라엘이 하나님의
말씀을 단순히 "듣
다"라는 의미를 넘
어 "경청하고 순종
하다"라는 뜻을 포
함해요.

그렇기에 부모(보호자)의 가장 중요한 사명은 자녀에게 하나님의 말씀을 가르치는 것이에요. 또한 자녀들은 부모님이 가르쳐 주시는 하나님의 말씀에 귀를 기울이고, 마음에 새겨야 해요. 이처럼 가정은 가정 먼저 하나님의 말씀을 배우고 나누는 곳이 되어야 해요.

1. 우리 가정에서 가장 중요하게 생각하는 교육은 무엇인가요?

2. 당신은 누구를 통해 하나님의 말씀을 배워왔나요?

3. 우리 가정이 하나님의 말씀을 선수하는 곳이 되도록 어떤 노력을 하면 좋을까요?

하나님! 우리 가정이 하나님의 말씀을 배우고, 말씀대로 살아가는 곳이 되기를 원합니다. 주님의 말씀을 부지런히 가르치고 배우는 우리가 되게 해 주세요. 예수님의 이름으로 기도드립니다. 아멘.

우리 가족 날마다 말씀따라 **우리 가정 쉐마 훈련**

믿음의 가정 미션 모세는 하나님의 말씀을 언제나 가르치고, 언제나 볼 수 있게 하라고 했습니다. 우리 가정 말씀 카드를 만들어 현관문에 붙이고 한 주 동안 아침마다 말씀을 외치고 집 밖으로 나가는 훈련을 합니다.

준비해요!

우리 가정 말씀카드(활동자료 231쪽), 색연필, 크레파스, 꾸미기 스티커, 반짝이 풀

이렇게 해요!

1. 활동자료에서 '우리 가정 말씀카드'를 뜯어요.

2. 말씀카드의 말씀을 색칠하고 스티커나 반짝이 풀 등으로 꾸며요.

3. 우리 집 현관문에 붙여요.

4. 매일 아침 말씀에 손으로 입맞춤하고, 말씀을 큰 소리로 외쳐요.

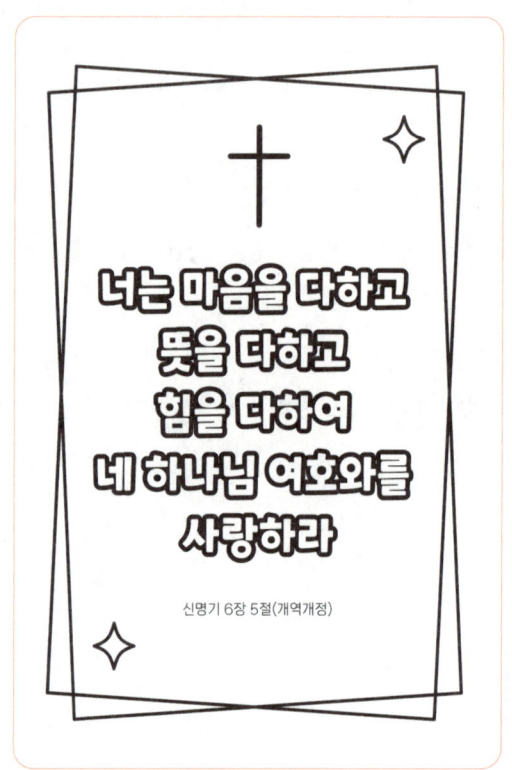

너는 마음을 다하고
뜻을 다하고
힘을 다하여
네 하나님 여호와를
사랑하라

신명기 6장 5절(개역개정)

18주차

예수님으로 하나 되는 우리교회

| 오늘의 말씀: 고린도전서 1장 10~15절
| 오늘의 예배인도자:

🏠 1. 온 가족 찬양

*우리 가정에서 잘 부르는 찬양으로 온 가족이 함께 찬양합니다.

♫ 아름다운 마음들이 모여서

🏠 2. 온 가족 기도

*온 가족이 한 목소리로 기도문을 따라 기도합니다.
*어린 자녀의 경우, 부모를 따라 한 구절 한 구절 따라 기도합니다.

사랑이 많으신/ 하나님 아버지!/

오늘 하루도 지켜주시고/ 주님께 나아가게 하시니/ 감사합니다./ 우리 예배를/ 기쁘게 받아주세요./ 이 시간/ 하나님의 은혜를/ 부어주시고/ 성령으로 충만하게/ 해 주세요./ 하나님 사랑합니다./ 예수님 사랑합니다./ 성령님 사랑합니다./ 예수님의 이름으로 기도드립니다./ 아멘.

🏠 3. 온 가족 마음 이야기

*인도자는 한 주간 가족들의 삶을 질문하고, 질문에 따라 삶을 나누도록 인도합니다.

1. 친구와 좋아하는 아이돌이나 음식, 취미 등이 달라 서로 다툰 적이 있나요?

2. 좋아하는 것이 달라도 서로 친구가 될 수 있을까요? 그 이유를 말해주세요.

4. 온 가족 성경 읽기

*오늘 묵상 본문을 온 가족이 돌아가며 한 절씩 읽습니다.

고린도전서 1장 10~15절

10 형제자매 여러분, 우리 주 예수 그리스도의 이름으로 여러분에게 권유합니다. 여러분은 모두 같은 말을 하십시오. 여러분 가운데 편이 갈라지는 일들이 없게 하십시오. 같은 생각과 같은 의견을 품고 재정비를 하십시오. 11 나의 형제자매 여러분, 여러분에 대해 글로에의 집 사람들이 나에게 알려 주기를, 분쟁이 여러분 가운데 있다고 했습니다. 12 내 말은 이런 뜻입니다. 곧 여러분이 저마다 "나는 바울 편이다.", "나는 아폴로 편이다.", "나는 게바 편이다.", "나는 그리스도 편이다." 하고 말한다는 것입니다. 13 그리스도께서 조각조각 나뉘었습니까? 바울이 여러분을 위해 십자가에 매달리기라도 했단 말입니까? 또는, 여러분이 바울의 이름으로 세례를 받기라도 했단 말입니까? 14 나는 하나님께 감사드립니다. 그리스보와 가이우스 말고는 여러분 가운데 아무한테도 세례 주지 않았다는 것을요. 15 그래서 아무도 내 이름으로 세례받았다고 말할 수 없을 것입니다. (새한글 성경)

5. 온 가족 생각 나누기

*오늘 읽은 성경말씀을 잠시 묵상합니다. 그리고 아래의 질문을 함께 나누어 봅니다.

1. 바울이 지적한 고린도 교회의 문제는 무엇인가요(11, 12절)?

　예) 고린도 교회 사람들이 서로 바울, 아폴로(아볼로), 게바(베드로)가 좋다며 편을 갈라 싸움

2. 고린도 교회 사람들은 왜 편을 갈랐을까요?

　예) 당시 사회의 명예와 우월문화를 따라 성도들이 예수 그리스도보다 인간 지도자들을 중심으로 자신들의 정체성과 우월감을 찾으려 했기 때문

3. 바울이 고린도 교회를 위해 내린 해결책은 무엇인가요(13절)?

　예) 우리를 위해 십자가에서 죽으시고 부활하신 분은 오직 예수님 한 분 뿐 이므로, 예수님만 따르고 예수님 안에서 하나 될 것을 강조

**6. 온 가족
하나 되기**

*인도자가 말씀 해설을
나눕니다.

기억해요!

하나님을 믿는 사람
들은 예수님 한 분만
자랑하며 한마음, 한
뜻이 되어야 해요.

고린도 교회 성도들이 편을 나누어 다투는 문제에 대해, 바울은 우리 모두가 오직 예수님 안에서 한 가족이라고 강조했어요. 교회 친구들도 성격, 배경, 생각이 다 달라요. 하지만 예수님 안에서 우리는 모두 한 가족이에요. 예수님은 우리 모두를 사랑해요. 그러므로 우리도 서로 사랑해야 해요. 교회 친구들과 다투지 말고 사이좋게 지내기로 해요.

*빈칸을 완성하고 결단
한 것을 나누어 봅니다.

나는 오늘 말씀을 듣고

_____ 를

결심했습니다!

**7. 온 가족 함께
기도하기!**

*깨달은 말씀을 생각하
며 함께 기도합니다.

하나님, 우리 가정과 교회에서 서로 다투지 않고, 한마음으로 예수님을 따라 사랑하며 살아가게 해 주세요. 예수님의 이름으로 기도드립니다. 아멘!

8. 주기도문

*함께 주님이 가르쳐주
신 기도를 드립니다.
*활동자료 _ 책갈피를
활용합니다.

우리 가족 날마다 말씀따라 **한마음 포옹미션!**

믿음의 가정 미션 말씀을 깨달은 이번 한 주간, 우리 가정의 미션은 '한마음 포옹미션!'입니다.
매일매일! 화이팅!

준비해요!

하트 스티커

이렇게 해요!

1. 한 주 동안 아래의 미션을 매일 해요.

한마음 포옹미션!

1. 아침에 눈을 뜨면 꼭 안아주기

2. 회사, 학교, 유치원 가기 전, 그리고 돌아와서 꼭 안아주기

3. 교회 친구에게도 꼭 안아주기(같은 성별의 친구와)

2. 15초 이상 안아주세요.

3. 마무리로 "예수님이 하나되게 하셨어. 우리는 하나! 사랑해!"라고 속삭여주세요.

4. 미션을 완료하면 미리 준비한 하트스티커를 떼어 아래 미션 체크리스트에 붙여요.

♡미션 체크리스트♡

월	화	수	목	금	토	주일

19 주차

서로를 돌보고 나누며 살아요

| 오늘의 말씀: 사도행전 4장 32~35절

| 오늘의 예배인도자:

🏠 1. 온 가족 찬양

*우리 가정에서 잘 부르는 찬양으로 온 가족이 함께 찬양합니다.

♬ 너는 축복의 씨앗

🏠 2. 온 가족 기도

*온 가족이 한목소리로 기도문을 따라 기도합니다.
*어린자녀의 경우, 부모를 따라 한 구절한 구절 따라 기도합니다.

사랑이 많으신/ 하나님 아버지!/

오늘 하루도 지켜주시고/ 주님께 나아가게 하시니/ 감사합니다./ 우리 예배를/ 기쁘게 받아주세요./ 이 시간/ 하나님의 은혜를/ 부어주시고/ 성령으로 충만하게/ 해 주세요./ 하나님 사랑합니다./ 예수님 사랑합니다./ 성령님 사랑합니다./ 예수님의 이름으로 기도드립니다./ 아멘.

🏠 3. 온 가족 성경 읽기

*담당한 가족이 성경을 읽습니다.

사도행전 4장 32~35절

32 믿게 된 수많은 사람의 마음과 뜻이 하나가 되어 있었다. 그래서 그들은 자기 소유물 가운데 어느 것 하나도 자기 것이라고 말하지 않았다. 오히려 모든 것을 공동으로 소유했다.

33 또 큰 능력으로 사도들은 주 예수님이 부활하셨다고 힘차게 증언을 하고 있었다. 큰 은혜가 그들 모두 위에 내리고 있었다.

34 그들 가운데 어떤 사람도 가난하지 않았다. 땅이나 집을 소유한 사람들은 다들 그것을 팔아서 그 판 것의 값을 가져오고 있었기 때문이다.

35 그들은 그것을 사도들의 발 옆에 두고는 저마다 필요한 만큼씩 나누어 받고 있었다.

(새한글 성경)

*오늘 읽은 성경말씀에서 필요를 따라 나누었던 초대교회의 모습을 기억하면서 아래 그림에 필요한 물건을 활동 스티커에서 떼어 붙입니다.

🏠 5. 온 가족 마음
하나 되기

*질문에 답해 봅니다.

1. 오늘 읽은 말씀에 예수님을 믿는 사람들은 어떻게 살았나요?

예) 그들은 가진 것을 서로 나누었어요. 땅이나 집을 팔아 나누기도 했어요. 그래서 가난한 사람이 없었어요.

기억해요!

내가 가진 것을 필요에 따라 나눠요. 나에게 있는 것은 모두 하나님이 주신 것이기 때문이에요.

2. 예수님을 믿는 사람들은 왜 이렇게 서로 도왔을까요? 맞는 답에 ∨로 표시해요.
　예수님을 사랑해서 (　　)
　가진 것이 많아서 (　　)
　친구가 없어서 (　　)
　예수님 부활의 능력을 믿음으로 (　　)

3. 내게 주신 것들을 필요한 이웃에게 나눌 때 어떤 마음으로 나누어야 할까요?

🏠 6. 온 가족 함께
기도하기!

*깨달은 말씀을 생각하며 함께 기도합니다.

　사랑의 하나님! 우리 가정에 주신 하나님의 선물을 나누며 살아가는, 사랑의 마음이 큰 우리 가정이 되게 해 주세요. 예수님의 이름으로 기도드립니다. 아멘.

🏠 7. 주기도문

*함께 주님이 가르쳐주신 기도를 드립니다.
*활동자료 _ 책갈피를 활용합니다.

우리 가족 날마다 말씀따라 **나의 나눔 다짐과 실천**

믿음의 가정 미션 다음 두 가지 활동을 하며 말씀을 따라 살아가 봅시다!

◉ 나의 나눔 다짐문 작성하기

준비해요!
두꺼운 종이, 색연필, 꾸미기 재료

이렇게 해요!
1. 나의 나눔 다짐문을 생각해요.
2. 준비한 종이에 다짐문을 예쁘게 쓰고 꾸며요.
3. 자주 볼수 있는 냉장고나 책상에 붙여요.

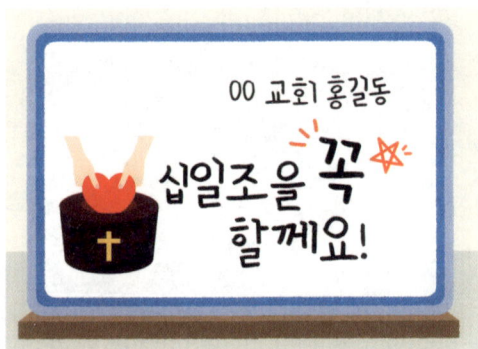

◉ 나눔 실천 _ 교회학교 간식 드림
　　이번 주일 예배에는 교회 우리 반 아이들에게 간식을 나눠요.

준비해요!
간식, 휴대폰 카메라

이렇게 해요
1. 어떤 간식이 좋을지 온 가족이 회의해요.
2. 담당 선생님과 의논하여 간식 드림 날짜를 정해요.
3. 모든 가족 구성원이 십시일반으로 낸 비용으로 간식을 구매해요.
4. 간식을 가져가 직접 교회친구들에게 나눠요.
5. 사진을 찍어 가정 안에서 나눔의 느낌을 서로 말해 보아요.

20주차

말씀을 가까이하는 복된 우리 가정

| 오늘의 말씀: 시편 1편 1~2절
| 오늘의 예배인도자:

🏠 1. 예배의 부름

하나님은 영이시니 예배하는 자가 영과 진리로 예배할지니라

(요한복음 4장 24절)

🏠 2. 찬송

*제시된 찬양 또는 온 가족이 함께 부를 수 있는 곡을 선택하여 가족이 함께 찬양합니다.

🎵 복이라

🏠 3. 사도신경

*사도신경으로 함께 고백합니다.
*활동자료 _ 책갈피를 활용합니다.

🏠 4. 기도

*가족 중 한 명이 준비하여 대표기도 합니다.
*자녀들 기도는 부모가 도와주어 준비하고, 아주 어린 자녀의 경우, 부모가 기도합니다.

사랑이 많으신/ 하나님 아버지!/

오늘 하루도/ 지켜주시고/ 가정예배를/ 드리게 하시니/ 감사합니다./

가정예배를 통해/ 주님의 말씀을/ 깨닫게 하시고,/ 말씀에 순종하며/ 살아가는/

우리 가정되게/ 해 주세요./ 예수님의 이름으로 기도드립니다./ 아멘.

5. 성경봉독

*인도자가 봉독하거나,
온가족이 교독합니다.

시편 1편 1~2절

1 복 있는 사람은 악인들의 꾀를 따르지 아니하며 죄인들의 길
  에 서지 아니하며 오만한 자들의 자리에 앉지 아니하고
2 오직 여호와의 율법을 즐거워하여 그의 율법을 주야로 묵상
  하는도다
(개역개정 성경)

주님과 함께 하는 것이 복이라.

주님의 마음 아는 것이 축복이라.

6. 온가족 말씀

*말씀 해설을 인도자가 낭독합니다.
*인도자는 말씀을 준비하며 깨달은 점과 말씀을 우리 가족에게 적용할 수 있는 질문을 준비하여 가족과 함께 나눠주어도 좋습니다.

함께 읽은 시편 1편 1~2절은 복 있는 사람은 무엇을 가까이하는지를 우리에게 알려줍니다.

하나님은 언제나 우리에게 좋은 것을 주길 원하시는데, 그것은 바로 하나님이 주시는 복이에요. 그 복은 성경 말씀 속에 선물처럼 가득 담겨있어요. 그래서 복 있는 사람은 하나님의 가르침을 즐거워하며, 밤낮으로 그 말씀을 깊이 생각해요.

하지만 이 세상에는 우리가 하나님의 말씀과 멀어지게 만드는 걸림돌들이 있어요. 첫 번째 걸림돌은 바로 우리 안에 있는 나쁜 마음과 생각이에요. 하나님의 말씀대로 따라 살기 싫어하는 마음이지요. 그런데 그 나쁜 마음과 생각은 거기서 끝나지 않고, 결국 행동으로 옮긴답니다. 이렇게 하나님의 말씀과 멀어지게 만드는 두 번째는 하나님이 기뻐하시지 않는 행동이에요. 두 번째 걸림돌은 그런 모습과 행동을 멈추지 않고, 자꾸 반복하여 점점 바꾸기 힘들어지는 습관이에요.

나쁜 마음, 못난 행동, 그리고 잘못된 습관이 있다면 하나님이 주시는 선물을 누리기 어려워요. 그러나 하나님의 말씀을 가까이하고, 말씀을 알아갈수록 우리를 방해하는 걸림돌은 힘을 잃어요. 하나님을 기뻐하고 사랑하는 마음이 점점 커져요. 시편의 말씀처럼 하나님의 말씀을 사랑하고 하나님의 말씀을 배우고 묵상하는 복된 우리 가정이 되기를 소망해요.

우리에게 늘 좋은 것으로 채워주시는 하나님, 하나님의 말씀을 가까이하는 행복한 우리 가정이 되기를 원합니다. 우리 안의 걸림돌보다 하나님을 사랑하는 마음이 더 커지게 해 주세요. 하나님의 말씀을 배우고 그 말씀을 따라 사는 것이 즐거운 저희 가정이 되게 해 주세요. 예수님의 이름으로 기도드립니다. 아멘.

우리 가족 날마다 말씀따라 **수 예배 드리는 복된 우리 가정**

믿음의 가정 미션　**온 가족 함께 수요예배를 드리며 하나님의 가르침을 밤낮으로 즐겁게 생각해 봅시다.**

온 가족이 이번 주중 수요예배에 참석하여, 설교를 통해 주시는 '하나님의 가르침'을 요약하여 적어봅시다.

하나님이 주신 가르침 가운데 '걸림돌'이 되는 것은 무언지 아래에 적고, 걸림돌에 걸리지 않도록 하나님께 도움을 구하는 기도를 드립시다.

---

*다음 주 자녀가 인도하는 예배를 위해, 예배 인도할 자녀를 정하여 예배를 준비합니다. 자녀가 어리면 부모가 인도합니다.

하나님만 섬겨요!

| 오늘의 말씀: 여호수아 24장 14~16절

| 오늘의 예배인도자:

🏠 1. 온 가족 찬양

*우리 가정에서 잘 부르는 찬양으로 온 가족이 함께 찬양합니다.

♬ 나 무엇과도 주님을 바꾸지 않으리

🏠 2. 온 가족 기도

*기도를 준비한 가족이 대표기도합니다.
*어린 자녀의 경우, 부모를 따라 한 구절 한 구절 따라 기도합니다.

하나님 아버지/ 이 시간에/ 우리 가족이 함께 모여/ 이 가정의 주인이신/ 하나님을 높여드려요!/ 우리 모두/ 믿음의 눈으로/ 하나님을 바라보며/ 온 마음과 정성을 다해/ 하나님을 사랑하는/ 시간 되게/ 해 주세요./ 예수님의 이름으로/ 기도드립니다./ 아멘.

🏠 3. 온 가족 성경 읽기

*예배를 인도하는 자녀가 성경 말씀을 읽습니다.

여호수아 24장 14~16절

14 이제 여호와를 두려워하고 오롯이, 또 참되이 그분을 섬기십시오! 유프라테스강 건너편과 이집트에서 여러분의 조상들이 섬기던 신들을 없애 버리고, 여호와를 섬기십시오!

15 여호와를 섬기는 것이 좋지 않아 보이면, 여러분이 누구를 섬길지 오늘 선택하십시오. 여러분의 조상들이 유프라테스강 건너편에서 섬기던 신들을 섬기든지, 아니면 여러분이 살고 있는 아모리 땅의 신들을 섬기든지요. 나와 나의 집은 여호와를 섬기겠습니다."

16 백성이 대답했다. "있을 수 없는 일입니다. 우리가 여호와를 버리고 다른 신들을 섬기다니요!

(새한글 성경)

*활동자료 231쪽에서
여호수아를 떼어 본문
의 이야기를 생각하며
색칠합니다.
*색칠한 여호수아를 백
성 앞 붙이고 여호수아
가 백성에게 한 말의 빈
칸을 완성합니다.

"나와 나의 집은 _____ 만
섬기겠어요!"

**♦ 5. 온 가족 마음
하나 되기**

*말씀 해설을 인도자가
낭독하며 본문을 정리
합니다.
*자녀 중 고학년의 자녀
혹은 부모가 담당합니다.

기억해요!

우상이란 하나님이
아닌 것들을 더 좋
아하고 의지하는 거
예요.

*자녀 중 담당자가 가족
의 마음을 나누도록 인
도합니다.

이스라엘 백성은 하나님이 주신 땅, 가나안에 정착하여 살게 되었어요. 여호수아는 백성에게 앞으로도 하나님만 섬기고 다른 우상은 철저히 버리라고 말했어요. 그리고 "나와 내 집은 오직 주님만 섬길 것"이라고 고백하며, 백성들에게도 신앙의 결단을 하라고 했어요. 이에 백성들도 하나님을 저버리지 않고 섬기겠다고 응답했어요.

여호수아는 하나님께만 충성하며 다른 신들을 버리라고 말했어요. 그리고 자신과 자신의 가족들도 모두 그렇게 하겠다고 말했어요. 믿음은 나 혼자만이 아니라, 우리 가족 모두가 함께 지켜야 해요. 우리도 하나님보다 더 소중하게 여기는 것이 있다면 내려놓고, 하나님을 가장 먼저 사랑해야 해요.

1. 하나님이 아닌데 사람들이 좋아하고 의지하는 것을 우상이라고 해요. '우상'에는 어떤 것들이 있을까요?

예) 연예인, 유튜브, 스포츠, 돈 등

2. 우리 가족에게도 우상이 있을까요? 하나님보다 우상을 선택했던 적이 있는지 말해보아요.

예) 게임을 하느라 예배시간에 늦음, 여가시간을 갖기 위해 주일 예배시간을 소홀이 여기기도 함. 등

말씀을 통해 하나님만 섬기고 다른 것을 우상으로 두면 안된다는 것을 배웠어요. 우리 가족도 하나님만 섬기는 가정으로서 하나님을 의지합시다. 우리 가정의 참 하나님, 주인되신 하나님만 섬기겠다고 고백해요!

**♦ 6. 온 가족 함께
기도하기!**

*깨달은 말씀을 생각하
며 함께 기도합니다.

하나님, 오직 하나님만 우리의 도움이 되시고, 우리를 다스리시는 참 신이 되십니다! 여호수아처럼 하나님만 섬기는 우리 가족이 되게 해 주세요. 예수님의 이름으로 기도드립니다. 아멘

♦ 7. 주기도문

*함께 주님이 가르쳐주
신 기도를 드립니다.
*활동자료 _ 책갈피를
활용합니다.

우리 가족 날마다 말씀따라 **하나님만 섬기는 우리 가정!**

믿음의 가정 미션 '나 무엇과도 주님을' 찬양을 다시 한번 부른 후, 가사의 내용을 바꿔서 우리 가족의 고백 찬양을 만들어 봅시다.

준비해요!

필기도구

나 무엇과도 주님을

Wes. Sutton

나 무엇과 - 도 주님을 바 - 꾸 지 - 않 으리 -
다른 어떤 - 은혜 - 구 하 지 않 - 으 리 -
오직 주님만 - 이 내 삶에 - 도 움이 - 시 니 -
주 의 - 얼굴 보기 - 원합니 다 -
주님 사 랑 - 해요 - 온 맘 과 정 성 다해 -
하나 님 --의 신 실 -한 - 친구 되기- 원합 니다 -

"우리 가정은 무엇과도 주님을" 가사

나 무엇과도 주님을 바꾸지 않으리

다른 _____ 구하지 않으리

주님만이 내 삶의 _____ 이시니

주의 _____ 되기 원합니다.

주님 사랑해요.

_____ 과 _____ 다해

하나님의 신실한 _____ 되기 원합니다.

tip. 원래 가사를 유지하고 몇 가지 단어만 바꾸거나 전체를 바꿔도 좋아요.

참된 평안을 주세요

22주차

| 오늘의 말씀: 요한복음 14장 27절

| 오늘의 예배인도자:

🏠 1. 온 가족 찬양

*우리 가정에서 잘 부르는 찬양으로 온 가족이 함께 찬양합니다.

🎵 평안을 너에게 주노라

🏠 2. 온 가족 기도

*온 가족이 한 목소리로 기도문을 따라 기도합니다.

*어린 자녀의 경우, 부모를 따라 한 구절 한 구절 따라 기도합니다.

하나님 아버지/ 이 시간에/ 우리 가족이 함께 모여/ 이 가정의 주인이신/ 하나님을 높여드려요!/ 우리 모두/ 믿음의 눈으로/ 하나님을 바라보며/ 온 마음과 정성을 다해/ 하나님을 사랑하는/ 시간 되게/ 해 주세요./ 예수님의 이름으로/ 기도드립니다./ 아멘.

🏠 3. 온 가족 마음 이야기

*인도자는 한 주간 가족들의 삶을 질문하고, 질문에 따라 삶을 나누도록 인도합니다.

1. 오늘 나는 마음에 평안을 누리고 있나요? 만약 그렇지 못했다면, 그 이유는 무엇인가요?

2. 일상 가운데 내 마음의 평안을 깨뜨리는 것에는 무엇이 있나요?

예: 숙제, 층간소음, 친구의 괴롭힘, 회사일 등

🏠 4. 온 가족
    성경 읽기

*오늘 묵상 본문을 부모
님이 한번 읽고, 자녀가
한번 읽습니다.
*끊어 읽기를 따라 부모,
자녀가 한 번씩 번갈아
가며 읽습니다.
*마지막으로 다 같이 읽
습니다.

요한복음 14장 27절

평안을 너희에게 끼치노니/ 곧 나의 평안을/ 너희에게 주노라/
내가 너희에게/ 주는 것은/ 세상이 주는 것과/ 같지 아니하니라/
너희는 마음에/ 근심하지도 말고/ 두려워하지도 말라/
(개역개정 성경)

🏠 5. 온 가족
    생각 나누기

*오늘 읽은 성경말씀을
잠시 묵상합니다. 그리
고 아래의 질문을 함께
나누어 봅니다.

1. 오늘 읽은 성경 말씀과 메시지에서 가장 마음에 남은 문장은 무엇이며, 그 이
   유는 무엇인가요?

   예) 누군가가 나에게 근심하고 두려워하지 말라고 말해주는 사람이 있는 것이 위로됨.

2. 오늘 말씀에서 이야기하는 중요한 내용은 무어라고 생각하나요?

   예) 예수님이 제자들에게 평안을 주시겠다고 약속하셨어요. 예수님만이 주실 수 있는 그 평안은 세상
   과 다르게 안전하게 하시므로 우리가 겁을 먹거나 마음이 상하지 않는 평안이에요.

3. 오늘 우리 가정에 이 말씀을 어떻게 적용할 수 있을까요?

   예) 두려움 대신 평안을 주신다는 예수님의 약속에 의지하여 걱정되는 일이 있을 때 기도로 예수님께
   맡겨요. 근심하고 두려워하지 말라고 하신 위로의 말씀을 기억해요.

6. 온 가족 하나 되기

*인도자가 말씀 해설을 나눕니다.

기억해요!

예수님이 주시는 평안은(샬롬) 세상이 주는 것과 다른, 마음 깊은 곳에서 오는 참된 평안이에요.

예수님은 제자들에게 떠나시기 전에 평안을 주신다고 약속하셨어요. 그 평안은 세상이 주는 것과는 전혀 다른, 예수님만이 주실 수 있는 평안이에요. 그래서 제자들에게 근심하거나 두려워하지 말라고 말씀하셨어요.

성경에서 말하는 '평안'은 단순히 다툼이나 전쟁이 없는 상태가 아니라, 하나님이 주시는 안전함과 안식, 쉼이 있는 상태예요. 때문에 예수님이 주시는 평안은 문제나 어려움이 없는 상태를 말하지 않아요. 상황이 어떠하든지 그 속에서 흔들리지 않는 마음이에요. 우리 삶 속에 두려움과 걱정이 찾아올 때, 예수님이 우리와 함께하시는 것을 믿는다면 하나님은 우리에게 세상이 줄 수 없는 참된 평안을 주세요. 걱정되는 일이나, 평안을 깨뜨리는 일이 생길 때는 언제든 기도로 예수님께 맡겨요.

*질문을 듣고 각자 결단한 것을 나누어 봅니다.

오늘 말씀을 통해 걱정이나 근심이 생길 때, 평안을 깨뜨리는 일이 생길 때, 나는 어떻게 하기로 결심했나요?

예) 걱정이 생길 때 "걱정하지 마, 근심하지 말아라." 말씀하시는 예수님의 위로의 말씀을 기억할래요.

7. 온 가족 함께 기도하기!

*빈칸을 채워 기도문을 완성한 후, 가족들이 함께 기도합니다.

하나님, 오늘 말씀처럼 근심과 두려움 대신 예수님의 평안을 누리게 해 주세요. _____을 실천하며 평안의 삶을 살게 해 주세요. 우리 가족이 언제나 예수님의 평안 안에서 서로 사랑하고 하나 되게 해 주세요. 예수님의 이름으로 기도드립니다. 아멘!

8. 주기도문

*함께 주님이 가르쳐주신 기도를 드립니다.
*활동자료_책갈피를 활용합니다.

22주차   월   일   요일

우리 가족 날마다 말씀따라 **참된 평안을 누리는 우리 가정!**

믿음의 가정 미션   매일 한 번, "우리 가족 샬롬 타임"을 가집니다.

1. 매일 한 번, 가족이 모두 모이는 시간을 정해요. 언제 어디서 어떻게 할지 나누고 적어요.

   ### 우리 가족 샬롬타임!

   언제:

   어디서:

2. 샬롬타임을 정한 후에, 가족들의 휴대폰에 알람을 설정하거나, 잘 보이는 곳에 적어 붙여놓고 잊지 않도록 해요.

3. 매일 샬롬타임을 가져요.

   1) "평안을 너에게 주노라" 찬양을 함께 불러요.
   2) 찬양 후에 나눌 수 있는 시간과 분위기가 된다면 두려움과 걱정, 오늘의 고민을 나누고 구체적으로 기도하는 시간을 가져요.
   3) 가족 중 한 명이 대표로 기도하고 마무리해요.
      "하나님, 참된 평안, 샬롬을 우리에게 주세요. 예수님의 이름으로 기도드립니다. 아멘"

   Tip. 샬롬타임은 매일 다를 수 있어요. 저녁식사 후나, 요일별로 일정 시간을 정해요.

평안을 너에게 주노라

Keith Routledge

거짓을 버리고 진실하게 살아요

| 오늘의 말씀: 잠언 12장 22절

| 오늘의 예배인도자:

월   일   요일

🏠 1. 온 가족 찬양

*우리 가정에서 잘 부르는 찬양으로 온 가족이 함께 찬양합니다.

♫ 나의 입술의 모든 말과

🏠 2. 온 가족 기도

*기도를 준비한 가족이 대표기도합니다.
*어린 자녀의 경우, 부모를 따라 한 구절 한 구절 따라 기도합니다.

하나님 아버지/ 이 시간에/ 우리 가족이 함께 모여/ 이 가정의 주인이신/ 하나님을 높여드려요!/ 우리 모두/ 믿음의 눈으로/ 하나님을 바라보며/ 온 마음과 정성을 다해/ 하나님을 사랑하는/ 시간 되게/ 해 주세요./ 예수님의 이름으로/ 기도드립니다./ 아멘.

🏠 3. 온 가족 성경 읽기

*담당한 가족이 오늘의 말씀을 소개합니다.

잠언 12장 22절

거짓 입술은 여호와께 미움을 받아도 진실하게 행하는 자는 그의 기뻐하심을 받느니라

(개역개정 성경)

1. 활동자료 233쪽에 있는 말씀 조각을 떼어서 섞어놓아요.

2. 올바른 순서로 배열하여 성경구절을 완성해요.

3. 말씀을 2~3번 읽고 암송해요.

4. 단어 조각을 1~2개 빼고 함께 읽으며 암송해요.

예) _____ 입술은 여호와께 _____을 받아도

_____ 행하는 자는 그의 _____ 하심을 받느니라

잠언 12장 22절 말씀 아멘!

5. 가족들이 원하는 만큼 단어 조각을 빼고 암송에 도전해요.

5. 온가족 마음 하나 되기

*인도자가 말씀 해설을 나눕니다.

잠언 12장 22절은 거짓말과 정직한 마음을 비교해서 말씀하고 있어요. 거짓을 말하며 다른 사람을 속이는 것은 하나님께서 미워하시는 일이에요. 그런 말들은 공동체를 무너뜨리기 때문이에요. 그러나 정직하고 진실하게 사는 사람은 하나님께서 기뻐하세요. 정직은 때로 손해보는 것 같아도, 결국 믿음을 주고 하나님께 영광이 되어요. 우리의 말과 행동은 마음을 드러내고, 하나님은 그 마음을 보고 계세요. 그러므로 하나님의 자녀는 거짓을 버리고 선한 마음을 가지고 살아가며, 그것을 진실된 말과 행동으로 나타내야 해요.

기억해요!

하나님의 자녀는 거짓을 버리고 선한 마음, 진실된 말과 행동으로 살아가요.

*암송을 반복합니다.

가족이 함께 손을 잡고 항상 진실하기로 다짐하며 말씀을 다시 암송해요.

6. 온 가족 함께 기도하기!

*깨달은 말씀을 생각하며 함께 기도합니다.

하나님, 우리 가족의 말과 행동을 돌아봅니다. 때로는 내 잘못을 감추기 위해 정직하지 못했고, 다른 사람을 힘들게 하는 말과 행동을 하기도 했어요. 하나님 용서해 주세요. 거짓된 말과 행동을 버리고, 정직하고 진실하게 살아가도록 우리 가정을 인도해 주세요. 예수님의 이름으로 기도드립니다. 아멘.

7. 주기도문

*함께 주님이 가르쳐주신 기도를 드립니다.
*활동자료 _ 책갈피를 활용합니다.

우리 가족 날마다 말씀따라 **하나님의 기쁨이 되는 가족!**

믿음의 가정 미션　거짓 NO! 진실 YES!

준비해요!

포스트잇, 필기도구

이렇게 해요!

1. 하나님이 미워하시는 말과 행동 중에서, 내가 했던 말과 행동들이 있었다면 아래 그림에서 찾아서 동그라미로 표시해요.

2. 앞으로 진실하게 말하고 행동하기 위해서 무엇을 어떻게 할지 가족들과 나눠요.

3. 포스트잇에 '거짓 NO! 진실 YES!' 라고 써요.

4. 내가 자주 보는 곳(필통, 냉장고, 화장실 거울 등)에 붙여요.

5. 포스트잇을 볼 때마다 오늘의 말씀을 암송하기로 약속해요.

거짓NO! 진실YES!

하나님이 미워하시는 말과 행동을 바꿔봐요!

"너 때문에 다 망했잖아!"

"쓸데없는 소리 좀 하지 마!"

"넌 못해서 안 끼워 줘!"

"아 하기 싫어! 내일 해!"

"재수 없어"

"걔 한테는 거짓말해도 돼!"

"쟤 원래 쫌 별로야"

"너랑은 안 놀 거야!"

"내가 제일 먼저 했어!"

"나 안 먹었어!"

"아, 진짜 짜증 나!"

"멍청이!"

"숙제 다 했는데 놀아도 돼요?"

"왜 이렇게 귀찮게 해?"

"네가 뭘 알아?"

"내 말이 맞거든?"

하나님께 예배하는 가족이예요

24주차

| 오늘의 말씀: 시편 95편 1~6절

| 오늘의 예배인도자:

🏠 1. 온가족 찬양

*우리 가정에서 잘 부르는 찬양으로 온 가족이 함께 찬양합니다.

♫ 나는 예배자입니다.

🏠 2. 온가족 기도

*기도를 준비한 가족이 대표기도합니다.
*어린 자녀의 경우, 부모를 따라한 구절한 구절 따라 기도합니다.

하나님 아버지/ 이 시간에/ 우리 가족이 함께 모여/ 이 가정의 주인이신/ 하나님을 높여드려요!/ 우리 모두/ 믿음의 눈으로/ 하나님을 바라보며/ 온 마음과 정성을 다해/ 하나님을 사랑하는/ 시간 되게/ 해 주세요./ 예수님의 이름으로/ 기도드립니다./ 아멘.

🏠 3. 온가족 성경 읽기

*담당한 가족이 성경을 읽습니다.

시편 95편 1~6절

1 자, 우리, 기뻐 외칩시다, 여호와께! 즐거이 소리칩시다, 우리 구원의 바위이신 여호와께!

2 우리, 여호와의 얼굴 앞에 나아갑시다, 감사 찬양을 드리면서. 찬송하면서 여호와께 즐거이 소리칩시다.

3 여호와는 크신 하나님이시고, 모든 신들 위에 크신 임금님이시니까요.

4 땅의 깊은 곳들이 여호와의 손안에 있고, 산의 높은 곳들이 여호와의 것이지요.

5 바다도 여호와의 것이고 여호와가 친히 만드셨지요. 마른땅도 여호와의 손으로 빚으셨지요.

6 오세요. 우리, 엎드려 예배합시다. 무릎 꿇읍시다, 우리를 만드신 여호와 앞에. (새한글 성경)

시편 95편 1~2, 6절

1 자, 우리, 기뻐 외칩시다, 여호와께! 즐거이 소리칩시다, 우리 구원의 바위이신 여호와께!

2 우리, 여호와의 얼굴 앞에 나아갑시다, 감사 찬양을 드리면서, 찬송하면서 여호와께 즐거이 소리칩시다.

6 오세요, 우리, 엎드려 예배합시다, 무릎 꿇읍시다, 우리를 만드신 여호와 앞에.

예) 노래하는 사람, 외치는 사람, 찬송을 부르는 사람, 노래 가락에 맞춰 춤추는 사람, 엎드려 경배하는 사람, 무릎을 꿇은 사람 등

**5. 온 가족 마음
하나 되기**

*질문에 답을 합니다.

1. 시인은 하나님을 어떻게 예배했나요?

예) 우리가 그린 그림을 보세요. 즐겁게 노래하고, 찬송하며 외쳤어요. 엎드리기도 하고 무릎도 꿇고 기도드렸어요.

기억해요!

여호와는 절대적인 힘과 권위를 가지신 하나님을 부르는 거룩한 호칭이에요.

2. 시인은 왜 사람들에게 와서 함께 하나님을 예배하자고 권하고 있을까요?

예) 하나님은 온 세상을 창조하신, 크고 높으신 분이에요. 하나님은 우리를 지으신 분이시고, 예배받기에 합당한 분이세요. 그래서 시인은 사람들에게 함께 예배하자고 기쁘게 권했어요. 그의 마음에는 자신을 창조하신 하나님을 만나러 가는 기쁨과 설렘이 가득했어요.

3. 우리는 우리를 창조하신 하나님을 생각하면서 예배해야 해요. 그렇다면 나와 우리 가족은 하나님께 최선을 다해 예배드리기 위해 무엇을 할 수 있을까요?

예) - 예배를 준비하며 하나님이 나의 창조자임 기억해요.
- 예배에 늦지 않아요.
- 토요일에 미리 예배와 헌금을 준비해요.
- 동생과 싸우지 않고, 기쁜 마음으로 교회에 가요.

**6. 온 가족 함께
기도하기!**

*깨달은 말씀을 생각하며 함께 기도합니다.

창조주 하나님. 우리는 하나님께서 지으신 귀한 피조물이에요. 하나님께 찬양과 예배드리는 것은 마땅한 일인데, 때로는 예배를 소홀히 할 때가 있었습니다. 이제는 예배의 의미를 늘 기억하며 정성껏 준비하겠습니다. 우리 마음이 언제나 기쁨으로 하나님께 나아가도록 성령님께서 인도해 주세요. 예수님의 이름으로 기도드립니다. 아멘.

7. 주기도문

*함께 주님이 가르쳐주신 기도를 드립니다.
*활동자료 _ 책갈피를 활용합니다.

우리 가족 날마다 말씀따라 **우리 가족 예배 탐구생활**

믿음의 가정 미션 예배에 대해서 알면, 예배를 더 잘 드릴 수 있어요. 예배의 순서를 탐구하며 우리 가족만의 예배 순서지를 만들어 봅니다.

준비해요!

A4 용지, 필기도구

이렇게 해요!

1. 주일예배는 아래와 같은 기본적인 예배의 순서로 이루어져요. 각 예배 순서는 무엇을 하는 순서인지 가족과 함께 나누고 적어보세요.

예배 순서	무엇을 하는 순서일까요?
예배로의 부름	예) 예배의 시작을 알리며, 예배자들을 하나님께로 초대하는 공식적인 선언 또는 기도문을 읽어요!
찬양	
신앙고백	
대표기도	
말씀 봉독	
설교	
축도	

2. 우리 가족이 드리는 예배에도 순서가 있어요. A4 용지에 우리 가족 예배 순서지를 만들어 보세요.

Tips.

1. 정통예배 형식을 선택하여 순서지를 작성하면 좋아요.

2. 자녀들이 순서지를 꾸미고 벽에 붙여놓도록 도와주세요.

3. 이렇게 하면 우리 가족의 예배를 더 소중히 여길 수 있어요.

25주차

하나님께로 유턴해요!

| 오늘의 말씀: 사도행전 3장 19절
| 오늘의 예배인도자:

🏠 1. 예배의 부름

오라 우리가 굽혀 경배하며 우리를 지으신 여호와 앞에 무릎을 꿇자 그는 우리의 하나님이시요 우리는 그가 기르시는 백성이며 그의 손이 돌보시는 양이기 때문이라 (시편 95편 6~7절)

🏠 2. 찬송

*제시된 찬양 또는 온 가족이 함께 부를 수 있는 곡을 선택하여 가족이 함께 찬양합니다.

🎵 내가 예수 믿고서 (찬송가 421장)

🏠 3. 사도신경

*사도신경으로 함께 고백합니다.
*활동자료 _ 책갈피를 활용합니다.

🏠 4. 기도

*가족 중 한 명이 준비하여 대표기도 합니다.
*자녀들 기도는 부모가 도와주어 준비하고, 아주 어린 자녀의 경우, 부모가 기도합니다.

하나님 아버지/ 이 시간에/ 우리 가족이 함께 모여/ 이 가정의 주인이신/ 하나님을 높여드려요!/ 우리 모두/ 믿음의 눈으로/ 하나님을 바라보며/ 온 마음과 정성을 다해/ 하나님을 사랑하는/ 시간 되게/ 해 주세요./ 예수님의 이름으로/ 기도드립니다./ 아멘.

🏠 5. 성경봉독

*인도자가 봉독하거나,
온 가족이 교독합니다.

사도행전 3장 19절

그러므로 너희가 회개하고 돌이켜 너희 죄 없이 함을 받으라 이
같이 하면 새롭게 되는 날이 주 앞으로부터 이를 것이요
(개역개정 성경)

6. 온 가족 말씀

*말씀 해설을 인도자가 낭독합니다.
*인도자는 말씀을 준비하며 깨달은 점과 말씀을 우리 가족에게 적용할 수 있는 질문을 준비하여 가족과 함께 나눠주어도 좋습니다.

기억해요!

회개는 죄에서 방향을 돌이켜 하나님께로 돌아가는거예요.

베드로와 요한이 성전으로 올라가다가 걷지 못하는 사람을 예수님의 이름으로 고쳐 주었어요. 이 놀라운 기적을 보고 사람들이 몰려들었어요. 그러자 베드로와 요한은 사람들에게 "이 기적은 우리가 한 것이 아니라, 죽었다가 부활하신 예수님의 능력입니다."라고 말했어요. 그리고 이어서 예수님을 배척하고 십자가에 못 박은 죄를 회개하고 예수님께 돌아오라고 외쳤어요.

'회개'는 잘못된 길에서 방향을 돌이켜 하나님께로 나아가는 거예요. 자동차의 내비게이션이 유턴하라고 안내할 때 그 말을 듣지 않으면 잘못된 길로 가게 되는 것처럼, 잘못된 믿음과 신앙을 가지고 있다면 예수님 구원의 길로 돌이켜야 해요. 우리가 회개하면 예수님은 우리의 죄를 씻어 주시고 깨끗한 하나님의 자녀가 되게 해 주세요.

그래서 우리 가정은 오직 예수님을 믿음으로 세상으로부터 유턴하여 날마다 하나님 말씀대로 살아가고 있는지 돌아봐야 해요. 오늘 말씀으로 우리 가족들이 하나님께 더 가까이 가기 위해서 바꿔야 할 습관에는 무엇이 있을까요? 죄를 씻어주시는 예수님의 능력을 의지하여 하나님께 더 나아가는 우리 가정이 됩시다.

7. 함께 기도

*깨달은 말씀을 생각하며 함께 기도합니다.

사랑의 하나님, 예수님을 믿고 하나님의 구원 길로 가게 하시니 감사합니다. 우리 가족이 세상과 죄로부터 완전히 돌이켜 하나님만 바라보도록 인도해 주세요. 죄에서 돌이키도록 도우시는 성령님, 저희에게 회개할 수 있는 용기와 믿음을 주세요. 예수님의 이름으로 기도드립니다. 아멘.

8. 주기도문

*함께 주님이 가르쳐주신 기도를 드립니다.
*활동자료 _ 책갈피를 활용합니다.

우리 가족 날마다 말씀따라 하나님께로 유턴해요!

믿음의 가정 미션 온 가족이 함께 수요예배/금요철야예배를 드리고, 우리 가족들이 하나님께 더 가까이 가기 위해, 바꿔야 할 습관들이 무엇일지 생각하여 적습니다.

　죄의 습관을 버리고 돌이키는 것은 나의 힘만으로는 할 수 없어요. 수요예배, 금요예배를 드릴 때 우리 가족을 위해서 기도해요. 하나님께로 더 가까이 갈 수 있도록, 성령 충만을 위해 기도해요.

*다음 주 자녀가 인도하는 예배를 위해, 예배 인도할 자녀를 정하여 예배를 준비합니다. 자녀가 어리면 부모가 인도합니다.

26주차 믿음을 고백해요

| 오늘의 말씀: 마태복음 16장 13~16절

| 오늘의 예배인도자:

🏠 1. 온 가족 찬양

*우리 가정에서 잘 부르
는 찬양으로 온 가족이
함께 찬양합니다.

♬ 예수를 나의 구주 삼고 (찬송가 288장)

🏠 2. 온 가족 기도

*기도를 준비한 가족이
대표기도합니다.
*어린자녀의 경우, 부모
를 따라 한 구절 한 구절
따라 기도합니다.

은혜의 하나님/ 우리 가족이/ 믿음으로 모여/ 예배할 수 있음에/ 감사드려요./
우리 모두/ 하나님의 사람으로/ 세워져/ 하나님의/ 기쁨이 되게/ 해 주세요./
예수님의 이름으로/ 기도드립니다./ 아멘.

🏠 3. 온 가족 성경 읽기

*예배를 인도하는 자
녀가 성경 말씀을 읽습
니다.

마태복음 16장 13~16절

13 예수님이 필립의 카이사레아의 여러 지역으로 가셔서 제자
들에게 물으셨다. "사람들이 인자를 누구라고 하나요?"

14 제자들이 대답했다. "어떤 사람들은 세례자 요한이라고 합니
다. 다른 사람들은 엘리야라고 하고, 또 다른 사람들은 예레
미야이거나 예언자 가운데 한 분이라고 합니다."

15 예수님이 제자들에게 물으신다. "그러면 그대들, 그대들은
나를 누구라고 하나요?"

16 시몬 베드로가 대답했다. "선생님이야말로 그리스도이십니
다. 살아 계신 하나님의 아드님이십니다."

(새한글 성경)

*베드로의 고백을 떠올리며 베드로와 예수님의 대화 모습을 색칠합니다.

예수님은 빌립보 가이사랴(필립의 카이사레아) 지역에서 제자들에게 사람들이 자신을 누구라 하는지 물으셨어요. 제자들은 세례 요한, 엘리야, 예레미야 같은 예언자라고 대답했지요. 하지만 그것은 사람들이 예수님이 누구신지 제대로 알지 못한 고백이었어요. 그러자 예수님이 다시 물으셨어요. "너희는 나를 누구라 하느냐?" 이때 베드로가 믿음으로 고백했어요. "주는 살아 계신 하나님의 아들 그리스도십니다."

그리스도란 하나님이 보내신 구원자를 의미해요. 이 고백은 예수님이 단순히 훌륭한 사람이나 선지자가 아니라, 우리를 구원하러 오신 하나님의 아들이라는 사실을 바르게 알고 믿었다는 뜻이에요. 사람들은 예수님을 오해했지만, 베드로는 예수님이 누구신지 정확히 알고 믿음으로 고백했어요. 우리도 베드로처럼 예수님을 하나님의 아들이자 구원자로 믿고, 그 믿음을 올바르게 고백해야 해요.

1. 나는 예수님이 누구라고 생각하나요? 내가 믿는 예수님에 대해 나의 말로 고백해 보세요.

2. 예수님이 그리스도, 즉 나의 구원자가 되신다는 사실을 믿고 있나요? 그 믿음이 내 삶 속에서 어떻게 나타나고 있는지 함께 나눠보세요.

3. 만약 내가 지금 예수님을 만나게 된다면, 예수님께 어떤 고백을 드리고 싶나요?

· 사랑의 하나님, 오늘 베드로가 예수님을 그리스도, 살아 계신 하나님의 아들로 고백한 말씀을 배웠습니다. 우리 가족도 이 믿음을 굳게 붙잡고, 매일의 삶 속에서 예수님을 주인으로 모시며 살게 해 주세요. 우리 친척들, 친구들, 그리고 아직 예수님을 알지 못하는 이웃들에게도 믿음을 주셔서 예수님을 구원자로 고백하게 해 주세요. 예수님의 이름으로 기도드립니다. 아멘.

우리 가족 날마다 말씀따라 **믿음을 고백하는 우리 가족!**

믿음의 가정 미션 　 예수님을 나의 구원자로 고백하며, 일상 속에서도 그 믿음을 기억합니다.

1. 제공된 캘리그라피 그림을 사진으로 찍어요.

2. 사진을 스마트폰이나 태블릿PC의 바탕화면으로 저장해요.

3. 원한다면 SNS프로필 사진으로 저장해요.

4. 가족이나 이웃과 함께 믿음의 고백을 나눠요.

Tip. 휴대폰을 사용하지 않는 어린 자녀를 위해 부모님이 작은 이미지로 출력하여 자녀가 원하는 곳에 붙여두어 스스로 읽을 수 있도록 해주세요.

27 주차

하나님의 말씀을 사랑하고 묵상해요!

| 오늘의 말씀: 시편 119편 97절

| 오늘의 예배인도자:

🏠 1. 온가족 찬양

*우리 가정에서 잘 부르는 찬양으로 온 가족이 함께 찬양합니다.

♬ 가장 소중한 말씀

🏠 2. 온가족 기도

*기도를 준비한 가족이 대표기도합니다.
*어린자녀의 경우, 부모를 따라 한 구절 한 구절 따라 기도합니다.

은혜의 하나님/ 우리 가족이/ 믿음으로 모여/ 예배할 수 있음에/ 감사드려요./ 우리 모두/ 하나님의 사람으로/ 세워져/ 하나님의/ 기쁨이 되게/ 해 주세요./ 예수님의 이름으로/ 기도드립니다./ 아멘.

🏠 3. 온가족 성경 읽기

*담당한 가족이 오늘의 말씀을 소개합니다.

시편 119편 97절
내가 주의 법을 어찌 그리 사랑하는지요 내가 그것을 종일 작은 소리로 읊조리나이다
(개역개정 성경)

*말씀판에 활동스티커
말씀조각을 떼어 붙여
말씀을 완성합니다.
*온 가족이 함께 그림문
자 성경말씀을 3번 읽고
암송합니다.
*책을 덮고 한 명씩 돌아
가면서 암송하고, 못 외
운 사람은 다시 펼쳐 읽
은 후, 암송합니다.
*한 명씩 다시 암송하여
점검합니다.
*마지막으로 다 같이 암
송합니다.

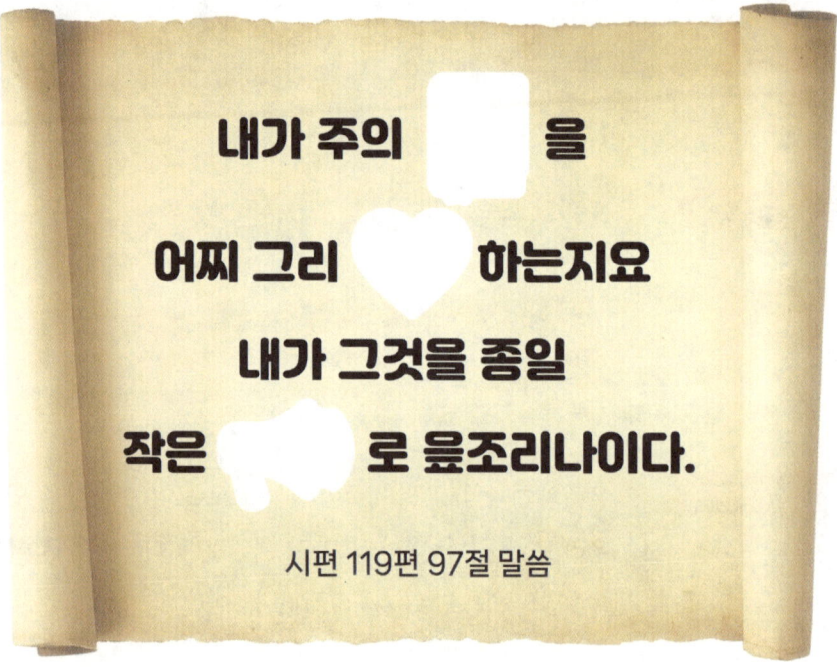

내가 주의 □ 을

어찌 그리 ♥ 하는지요

내가 그것을 종일

작은 🐑 로 읊조리나이다.

시편 119편 97절 말씀

**5. 온 가족 마음
하나 되기**

*인도자가 말씀 해설을 나눕니다.

시편 119편의 시인은 하나님을 너무 사랑했어요. 그는 하나님께 이렇게 말씀드렸어요. "제가 주님의 말씀을 얼마나 사랑하는지 몰라요. 온종일 말씀을 깊이 생각해요."

시인은 사랑하는 하나님의 말씀이 어떤 뜻인지 궁금해서 말씀을 깊이 생각했어요. 또 말씀을 잊지 않으려고 하루 종일 작은 소리로 외우기도 했어요.

하나님을 사랑하는 사람은 시인처럼 말씀을 묵상하고 그 말씀을 잊지 않으려 힘써요. 말씀을 사랑한다는 것은 단순히 아는 것이 아니라 삶속에서 늘 말씀과 함께하는 거예요. 우리 가정도 매일 묵상하고, 암송하며 하나님의 말씀을 사랑하기로 해요.

기억해요!

말씀묵상은 말씀을 읽고, 하나님을 바라며 정신을 모아 잠잠히, 그리고 깊이 생각하는 거예요.

*암송을 반복합니다.

시편 119편을 쓴 시인처럼 하나님께 고백하는 마음으로 말씀을 다시 암송해요. 나이가 많은 순서대로 암송합니다.

**6. 온 가족 함께
기도하기!**

*깨달은 말씀을 생각하며 함께 기도합니다.

우리 가족을 늘 지켜주시고 사랑하시는 하나님. 하나님의 말씀을 가까이하지 못한 우리를 용서해 주세요. 우리가 하루 일과 중에서 말씀을 먼저 떠올리며 묵상할 수 있도록 인도해 주세요. 예수님의 이름으로 기도드립니다. 아멘.

7. 주기도문

*함께 주님이 가르쳐주신 기도를 드립니다.
*활동자료 _ 책갈피를 활용합니다.

27 주차   월   일   요일

우리 가족 날마다 말씀 따라 **하나님 말씀 짝! 우리 가족 손뼉 짝!**

믿음의 가정 미션 가족들이 서로의 말씀 짝이 되어 매일 말씀 묵상을 격려하고 응원합니다.

준비해요!

성경, 노트와 필기도구, 묵상 점검표, 활동 스티커─성경책

이렇게 해요!

1. 시편이나 잠언 중에서 우리 가족이 함께 읽고 묵상할 본문을 정해요.

  예) 오늘은 3일이라면 시편(또는 잠언)을 3장을 읽고, 이후 매일 1장씩 읽고 묵상해요.

2. 인도자가 묵상 방법을 간단히 설명해요.

  ＊ 묵상은 이렇게 해요!
  가. 말씀을 이해하도록 성령님의 도우심을 기도해요.
  나. 말씀을 읽어요.
  다. 하나님이 나에게 무엇을 말씀하시는지 생각해요.
  라. 나에게 적용하여 실천을 다짐해요.
  마. 말씀으로 하루를 인도해 달라고 기도하고 마쳐요.
  바. 노트에 기록하면 더 좋아요!

3. 가족끼리 서로의 말씀 짝을 정해요.

4. 다음 날부터 말씀 짝과 함께 나눔을 하고 점검표를 작성해요.

  가. 자기 전에 만나서 오늘은 무슨 말씀을 묵상했는지 말해요. 어린 자녀들은 예배 말씀을 암송해요.
  나. 활동 스티커를 붙이며 서로 미션을 확인해요.
  다. 하이파이브 하며 "말씀 짝! 손뼉 짝!"이라고 말해요.
  라. 잠자리 인사를 하며 꼭 안아주고, "수고했어! 축복해! 사랑해! 좋은 꿈 꿔!"라고 말해요!

말씀 짝! 손뼉 짝! 묵상 점검표

나의 말씀 짝:

요일	요일	요일	요일	요일	요일	요일	요일

묵상
성공

28주차

구원의 은혜를 감사드려요!

| 오늘의 말씀: 시편 136편 1절

| 오늘의 예배인도자:

🏠 **1. 온 가족 찬양**

*우리 가정에서 잘 부르는 찬양으로 온 가족이 함께찬양합니다.

🎵 감사해요 주님의 사랑

🏠 **2. 온 가족 기도**

*기도를 준비한 가족이 대표기도합니다.
*어린자녀의 경우, 부모를 따라 한 구절 한 구절 따라 기도합니다.

은혜의 하나님/ 우리 가족이/ 믿음으로 모여/ 예배할 수 있음에/ 감사드려요./ 우리 모두/ 하나님의 사람으로/ 세워져서/ 하나님의/ 기쁨이 되게/ 해 주세요./ 예수님의 이름으로/ 기도드립니다./ 아멘.

🏠 **3. 온 가족 성경 읽기**

*담당한 가족이 성경을 읽습니다.

시편 136편 1절

여러분은 감사드리세요, 여호와께. 여호와는 좋으시니까요.

(새한글 성경)

🏠 4. 온 가족
성경 체험

*오늘 읽은 성경 말씀의
이야기를 상상하여 활
동합니다.

준비해요!

감사 포스터(활동자료 235쪽), 채색도구(크레파스, 색연필, 사인펜, 물감, 붓 등),
꾸미기 스티커, 반짝이 풀 등

이렇게 해요!

1. 하나님의 선하심(GOOD)과 인자하심(LOVE)은 영원해요. 우리 가족을 구원해
   주시고 언제나 좋은 것을 주시는 하나님께 감사를 표현해요!

2. 활동자료에서 감사 포스터 도안을 떼어내어 색칠하고 자유롭게 꾸미면서 선
   하신 하나님께 감사를 표현해요.

*온 가족이 성경 그림의
느낌을 나눕니다. 완성
한 포스터를 가족에게
설명합니다.

tip. 도안 위에 필름을 덧대고, 글라스데코 펜으로 그려 디자인 활동을 확장할 수 있어요. 완성된 작품을 유리창
문, 냉장고, 유리컵 등에 붙여 하나님의 선하심에 감사드려요!

5. 온가족 마음 하나되기

*인도자는 활동을 마무리한 후, 함께 꾸민 포스터를 보여주며, 오늘의 말씀에 대해 들려줍니다.

시편 136편은 이스라엘 백성이 하나님께 감사를 드리며 함께 낭독한 시예요. 그들은 하나님이 자신들을 고통과 죽음에서 건져주시고, 늘 좋은 것을 주시는 '선하심(GOOD)'에 감사드렸어요. 또한 끝까지 변함없는 하나님의 '인자하심(LOVE)'을 찬양했어요.

하나님께서 나에게 해주신 것 중에 감사한 것은 무엇인가요?

기억해요!

우리 삶의 우선순위는 언제나 선하시고 인자하신 하나님입니다.

우리가 부모님이나 선생님께 감사 인사를 드리는 특별한 날이 있듯이, 이스라엘 백성도 하나님의 구원과 사랑을 기억하는 날을 명절로 지켰어요. 그때마다 예배하며 감사의 시를 낭독하고, 하나님의 은혜와 사랑을 기념했어요.

*말씀을 따르려면 어떻게 해야 합니까?

우리도 예수님을 통해 구원받았어요. 그렇다면 하나님의 은혜를 기념하고 감사하기 위해 우리 가족은 어떤 일을 하면 좋을까요?

예) 가정예배 드리기, 감사 일기 쓰기, 찬양 부르기 등

6. 온가족 함께 기도하기!

*깨달은 말씀을 생각하며 함께 기도합니다.

좋으신 하나님. 하나님은 언제나 선하세요. 또 인자하심이 영원하세요. 우리도 선하신 하나님께 감사드리며 찬양드려요. 그러나 우리가 때로는 감사를 잊고 표현도 못했습니다. 그러나 앞으로는 기쁠 때나 슬플 때나 늘 주님께 감사드리는 가정이 되게 해 주세요. 예수님의 이름으로 기도드립니다. 아멘.

7. 주기도문

*함께 주님이 가르쳐주신 기도를 드립니다.
*활동자료_ 책갈피를 활용합니다.

우리 가족 날마다 말씀따라 **하나님께 감사드리는 우리 가족!**

믿음의 가정 미션　감사 가랜드를 만들어 하나님께 감사드리는 우리 가정이 되어요!

준비해요!

감사 가랜드(활동자료 237쪽), 색연필, 리본 끈, 투명 셀로판테이프, 포스트잇, 필기도구

이렇게 해요!

1. 활동자료에 있는 감사 가랜드 이미지를 떼어내요.

2. 가족이 함께 아래의 문구 중 하나를 선택해요.

> **감사해요. 주님의 은혜/ 하나님께 감사해요./**
> **땡큐, 하나님/ 주님 사랑 감사해요.**

3. 가족 한 명당 한 글자씩 맡아서 꽃 그림에 글을 적어요.

4. 글자들을 순서대로 배열하여 문장을 완성해요.

5. 집에 있는 끈이나 리본으로 글자를 연결하여 가랜드를 만들고, 문에 붙여요.

6. 문이나 벽에 글자를 붙여 장식해도 좋아요.

7. 매일 밤, 하루 동안 감사했던 것을 포스트잇에 적어 가랜드에 붙이고 다음 날 가족들과 나눠보세요.

tip. 우리 가족의 감사문구를 만들어도 좋아요!

29 주차

함께 기도하는 우리 가정

| 오늘의 말씀: 마태복음 18장 15~20절
| 오늘의 예배인도자:

🏠 1. 온 가족 찬양

*우리 가정에서 잘 부르는 찬양으로 온 가족이 함께 찬양합니다.

♬ 기도하자 우리 마음 합하여

🏠 2. 온 가족 기도

*온 가족이 한목소리로 기도문을 따라 기도합니다.
*어린자녀의 경우, 부모를 따라 한 구절 한 구절 따라 기도합니다.

은혜의 하나님/ 우리 가족이/ 믿음으로 모여/ 예배할 수 있음에/ 감사드려요./ 우리 모두/ 하나님의 사람으로/ 세워져/ 하나님의/ 기쁨이 되게/ 해 주세요./ 예수님의 이름으로/ 기도드립니다./ 아멘.

🏠 3. 온 가족 마음 이야기

*인도자는 한 주간 가족들의 삶을 질문하고, 질문에 따라 삶을 나누도록 인도합니다.

1. 나는 언제 가족을 위해서 기도해 보았나요?

    예) 동생이 아플 때, 할머니가 병원에 입원하셨을 때

2. 이번 한 주 동안 가족을 위해서 기도해 본 적이 있나요? 언제, 몇 번 했는지 기억하고 나눠보세요.

    예) 한번, 없다.

4. 온가족 성경 읽기

*오늘 묵상 본문을 인도자가 먼저 봉독합니다.
*두번째 읽을 때는, 마태복음 18장 15절부터 20절까지의 말씀을 읽습니다. 아래 Q.R.을 연결하여 '새한글 성경' 본으로 읽습니다.

*부모, 자녀가 각두 절씩 읽고, 마지막 두 절은 다 함께 읽습니다. 2회 정도 함께 읽습니다.

마태복음 18장 19~20절

19 "다시 한번 아멘 그대들에게 말합니다. 그대들 가운데 두 사람이 땅에서 같은 목소리를 내면, 달라고 하는 것이 뭐가 되었든 내 아버지, 곧 하늘에 계신 분께서 다 들어 주실 것입니다.

20 두세 사람이 내 이름 아래 함께 모인 곳, 거기에는 그들 가운데 내가 있습니다." (새한글 성경)

5. 온가족 생각 나누기

*오늘 읽은 성경말씀을 잠시 묵상합니다. 그리고 아래의 질문을 함께 나누어 봅니다.

1. 오늘 말씀과 메시지에서 가장 마음에 남은 문장과 그 이유는 무엇인가요?

　　예) "두세 사람이 내 이름으로 모여 있는 자리, 거기에 내가 그들 가운데 있다." / 우리가 모일 때 예수님도 함께 계신다는 것은 놀라운 일이에요.

2. 오늘 말씀이 전하는 가장 중요한 내용은 무어라고 생각하나요?

　　예) 성도가 잘못했을 때 공동체가 사랑으로 권면하고, 함께 기도로 돕고, 올바르게 갈수 있도록 도와주어야 한다는 것

3. 오늘 말씀을 우리 가정에 어떻게 적용할 수 있을까요?

　　예) 우리 가정에서도 잘못할 때 지적하는 것으로 끝나는 것이 아니라, 사랑하는 마음으로 함께 기도하고, 잘못을 깨닫고 바르게 돌아오도록 기도해야 한다.

6. 온 가족 하나 되기

*인도자가 말씀 해설 요약을 읽으며 말씀을 정리합니다.

기억해요!

합심기도는 함께 마음을 모아드리는 기도예요.

*질문을 듣고 각자 결단한 것을 나누어 봅니다.

오늘 말씀은 교회에서 성도가 죄를 지었을 때 어떻게 해야 하는지를 가르쳐 줘요. 진정한 사랑은 누군가가 하나님 앞에서 잘못했을 때, 그냥 모른 척하며 내버려 두지 않는 것입니다. 올바른 길로 갈 수 있도록 도와주고, 그를 위해 함께 간절히 기도하는 것이 진정한 사랑이에요.

하나님은 성도가 잘못할 때 공동체가 함께 해결하기를 원하세요. 서로 가르쳐주며 옳은 길로 가도록 인도하며 기도해 주어야 해요.

우리 가정에서도 잘못했을 때, 지적하고 가르쳐 주는 것으로 끝내서는 안됩니다. 사랑하는 마음으로 함께 기도하고, 잘못을 권면하는 가정이 되어야 해요. 예수님은 우리가 함께 모여 기도할 때 우리와 함께하시고, 우리의 기도를 들어주신다고 약속하셨어요.

우리 가족도 이 말씀을 따라, 잘못을 사랑으로 권면하고 합심기도로 서로를 세워주는 가정이 되기를 결단해요.

예) 1. 가족의 잘못이나 문제를 모른척하지 않고 가족과 함께 나누고 기도해요.
2. 예수님이 우리와 함께 계심을 믿고 기도해요.
3. 가족의 잘못을 지적하기만 하지 않고 사랑으로 품고 기도해요.

7. 온 가족 함께 기도하기!

*깨달은 말씀을 생각하며 함께 기도합니다.

기도 들으시는 하나님. 우리 가족이 서로 잘못했을 때, 그냥 넘어가지 않고 사랑으로 말하고, 함께 기도하며 하나님께 맡기는 가족이 되기를 기도해요. 우리 교회 중에서도 혹시 잘못된 길로 가는 사람이 있다면, 모두가 사랑으로 함께 기도하며 주님께 다시 돌아오도록 도와주세요. 서로를 사랑으로 돌보는 아름다운 교회가 되길 소망합니다. 예수님의 이름으로 기도드립니다. 아멘.

8. 주기도문

*함께 주님이 가르쳐주신 기도를 드립니다.
*활동자료 _ 책갈피를 활용합니다.

우리 가족 날마다 말씀따라 **우리는 가정의 기도 파수꾼!**

믿음의 가정 미션 나는 하나님께 기도하며 우리 가정을 지켜요. 나는 사랑으로 가족을 위해 기도하는 파수꾼이에요. 어리거나 믿음이 약하다고 걱정하지 마세요. 우리가 기도할 때마다 성령님이 함께하시고, 예수님이 늘 곁에 계세요!

이렇게 해요!

1. 가족들이 돌아가면서 함께 기도할 내용을 나누어요. 가족 개인이 고쳐야 할 잘못이나, 가정에서 해결해야 할 문제를 나눠보세요.

   주의할 점: 지적이나 비난의 말을 하지 않아요. 우리가 함께 극복하기 위한 사랑의 나눔임을 기억해요.

2. 가족들이 의논하여 한 주 동안 기도할 내용과 담당자를 정하고 표에 적어요.

3. 마지막으로 서로를 위해 기도하는 '기도 파수꾼'이 되어주겠다고 약속하는 기도를 하며 마무리해요.

Tips.

1. 기도 담당자는 기도를 잊지 않도록 기도 시간을 정하고 알람을 맞춰 보세요!

2. 어린 자녀는 다른 가족과 짝을 지어서 함께 참여해요.

요일	기도 담당	기도할 내용
요일		
요일		
요일		
요일		
요일		
요일		
요일	합심기도 DAY	모두 모여 함께 기도해요.

축복의 통로가 되어요

30주차

| 오늘의 말씀: 민수기 6장 23~27절
| 오늘의 예배인도자:

🏠 1. 예배의 부름

야곱의 하나님을 자기의 도움으로 삼으며 여호와 자기 하나님에게 자기의 소망을 두는 자는 복이 있도다

(시편 146편 5절)

🏠 2. 찬송

*제시된 찬양 또는 온 가족이 함께 부를 수 있는 곡을 선택하여 가족이 함께 찬양합니다.

🎵 축복합니다

🏠 3. 사도신경

*사도신경으로 함께 고백합니다.
*활동자료 _ 책갈피를 활용합니다.

🏠 4. 기도

*가족 중 한 명이 준비하여 대표기도합니다.
*자녀들 기도는 부모가 도와주어 준비하고, 아주 어린 자녀의 경우, 부모가 기도합니다.

은혜의 하나님/ 우리 가족이/ 믿음으로 모여/ 예배할 수 있음에/ 감사드려요./ 우리 모두/ 하나님의 사람으로/ 세워져/ 하나님의/ 기쁨이 되게/ 해 주세요./ 예수님의 이름으로/ 기도드립니다./ 아멘.

🏠 5. 성경봉독

*인도자가 봉독하거나, 온 가족이 교독합니다.

민수기 6장 23~27절

23 아론과 그의 아들들에게 말하여 이르기를 너희는 이스라엘
   자손을 위하여 이렇게 축복하여 이르되

24 여호와는 네게 복을 주시고 너를 지키시기를 원하며

25 여호와는 그의 얼굴을 네게 비추사 은혜 베푸시기를 원하며

26 여호와는 그 얼굴을 네게로 향하여 드사 평강 주시기를 원하
   노라 할지니라 하라

27 그들은 이같이 내 이름으로 이스라엘 자손에게 축복할지니
   내가 그들에게 복을 주리라

(개역개정 성경)

6. 온 가족 말씀

*말씀 해설을 인도자가 낭독합니다.
*인도자는 말씀을 준비하며 깨달은 점과 말씀을 우리 가족에게 적용할 수 있는 질문을 준비하여 가족과 함께 나눠 주어도 좋습니다.

하나님께서는 이스라엘 백성이 광야 생활을 하는 동안에도 늘 하나님의 보호와 은혜 안에 살도록 특별한 축복을 주고자 하셨어요. 그래서 아론과 그의 아들들, 곧 제사장들에게 백성을 축복하는 방법을 알려 주셨어요. 제사장이 손을 들어 하나님의 이름으로 백성을 축복하면, 하나님은 그 말씀을 그대로 이루어 주시겠다고 약속하셨어요. 제사장들이 "주님께서 복을 주시고, 지켜 주시며, 얼굴을 비추시고, 은혜와 평화를 주시기를 바란다"고 선포할 때, 하나님은 광야 속에서도 항상 이스라엘과 함께하시며, 그들에게 하나님의 평안을 주셨어요.

구약에서는 오직 제사장만이 하나님의 이름으로 복을 줄 수 있었어요. 하지만 하나님께서는 예수님의 십자가와 부활을 통해 우리를 '왕 같은 제사장(벧전 2:9)'으로 삼으셨어요. 이제는 예수님을 믿는 모든 성도가 하나님의 이름으로 다른 사람을 축복할 수 있어요. 부모가 자녀에게 "하나님께서 너를 지켜 주시고 평화를 주시길 바란다"라고 선포할 때, 그것은 단순한 말이 아니라 하나님께서 실제로 이루시는 축복의 통로가 되는 거예요.

우리 가족도 하나님의 이름으로 서로 축복하는 가정이 될 수 있어요. 부모와 자녀가 서로에게 축복의 말씀을 선포하며 기도할 때, 하나님은 그 기도를 통해 복을 주세요. 그뿐만 아니라 이웃과 교회를 축복하며 하나님의 사랑과 은혜를 흘려보내는 축복의 통로가 될 수 있어요.

기억해요!

제사장은 하나님께 제사를 드리고 하나님의 뜻을 묻고 전달하는 사명을 맡은 사람이에요.
복은 편안하고 만족한 상태와 그에 따른 기쁨이에요. 성경에서는 하나님의 은혜와 선물을 일컬어요.

7. 함께 기도

*깨달은 말씀을 생각하며 함께 기도합니다.

이스라엘 백성을 축복하신 사랑과 은혜의 하나님, 우리에게도 제사장에게 주신 축복의 권한과 능력을 주시니 감사합니다. 이제 우리 가정이 그 권한을 따라 세상에 하나님의 은혜와 평안을 흘려보내는 축복의 통로가 되게 해 주세요. 예수님의 이름으로 기도드립니다. 아멘.

8. 주기도문

*함께 주님이 가르쳐주신 기도를 드립니다.
*활동자료 _ 책갈피를 활용합니다.

우리 가족 날마다 말씀따라 **세상을 축복하는 제사장이 되어요.**

믿음의 가정 미션 하나님은 우리도 제사장처럼 세상을 축복하며 하나님의 사랑과 은혜를 나누기 바라세요. 온 가족이 함께 수요예배/금요예배를 드릴 때 축복의 말씀을 읽으며 서로의 복을 빌어주어요.

준비해요!

축복카드(활동자료 239쪽), 연필

이렇게 해요!

1. 활동자료에서 축복카드를 뜯어 놓아요.

2. 성경책이나 가방에 축복카드를 넣어 가지고 다니며, 예배 전후로 가족을 축복하는 기도를 해요.

3. 축복카드의 빈칸에 가족, 친구 이웃의 이름을 적고 기도해요. 우리에게 복을 주시는 하나님께 감사 드려요.

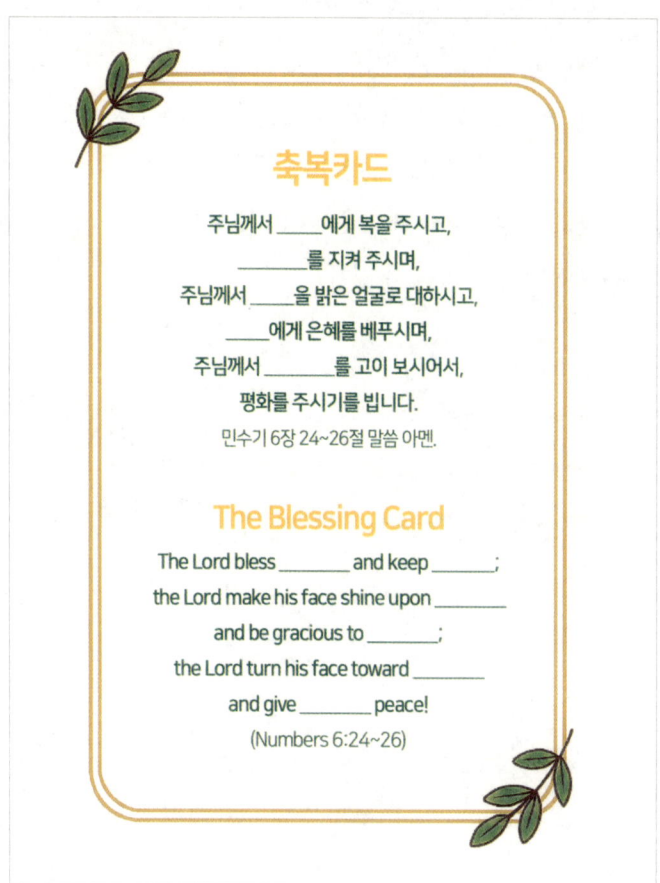

축복카드

주님께서 _____에게 복을 주시고,

_____를 지켜 주시며,

주님께서 _____을 밝은 얼굴로 대하시고,

_____에게 은혜를 베푸시며,

주님께서 _____를 고이 보시어서,

평화를 주시기를 빕니다.

민수기 6장 24~26절 말씀 아멘.

The Blessing Card

The Lord bless _____ and keep _____;

the Lord make his face shine upon _____

and be gracious to _____;

the Lord turn his face toward _____

and give _____ peace!

(Numbers 6:24~26)

*다음 주 자녀가 인도하는 예배를 위해, 예배 인도할 자녀를 정하여 예배를 준비합니다. 자녀가 어리면 부모가 인도합니다.

소금 같은 말을 해요

31 주차

| 오늘의 말씀 · 골로새서 4장 6절

| 오늘의 예배인도자:

🏠 1. 온 가족 찬양

*우리 가정에서 잘 부르는 찬양으로 온 가족이 함께 찬양합니다.

♬ 나쁜 말은 널 지키지 못해

🏠 2. 온 가족 기도

*인도자를 따라 한 구절씩 따라기도하고 함께 '아멘'으로 기도합니다.

함께 하시는/ 하나님 아버지!/
화목한 가정예배를 통해/ 우리 가정이 하나님을/ 더 깊이 알길 원해요./
오늘 우리 가정에게/ 주실 말씀을/ 귀 기울여 듣게 해 주세요./
예수님의 이름으로/ 기도드립니다./ 아멘.

🏠 3. 온 가족 성경 읽기

*예배를 인도하는 자녀가 성경 말씀을 읽습니다.

골로새서 4장 6절

여러분의 말은 언제나 은혜롭고, 소금 간이 되어 있기를 바랍니다. 그리하여 여러분이 각 사람 하나하나에게 어떻게 대답하는 것이 마땅한지를 알게 되기를 바랍니다. (새한글 성경)

4. 성경 함께 칠하기

*본문의 이야기를 생각
하며 색칠합니다.
*어떤 말이 오갈까요?
친구들의 말을 적어보
고 친구들의 표정도 그
립니다.

**🏠 5. 온 가족 마음
하나 되기**

*말씀 해설을 인도자가
낭독하며 본문을 정리
합니다.

골로새는 소아시아에서 수리아로 가는 길목에 있는 도시였어요. 외국 상인과 여행객들이 많이 오갔는데, 그 중에는 예수님을 알지 못하는 사람이 많았어요. 사도 바울은 골로새 성도들에게 이들을 대할 때, 소금과 같은 말로 하나님이 주신 은혜를 끼치라고 권했어요. 골로새 성도들이 어떻게 말하는 가는 아주 중요했어요. 골로새 성도들의 말을 통해 복음이 전해지기도, 거절되기도 했기 때문이지요.

소금 같은 말은 아무 때나, 아무렇게나 하는 말이 아니라 상황에 맞게, 때에 맞게 하는 지혜로운 말을 뜻해요. 믿지 않는 사람들은 성도의 말과 행동을 통해 예수님을 만나게 돼요. 그렇게 때문에 우리는 늘 예수님을 보여 주고 복음을 전하는 지혜로운 말, 소금 같은 말을 하는 성도가 되어요.

기억해요!

소금 같은 말은 상
황과 때에 맞게 은
혜를 나누는 지혜로
운 말이에요.

*자녀 중 담당자가 가족
의 마음을 나누도록 인
도합니다.

1. 우리 가정에서 부모님과 자녀가 평소에 가장 많이 사용하는 말은 무엇인가요?

2. 우리 가정에서 사용해야 할 지혜로운 말, 소금 같은 말은 무엇일까요?

3. 우리 가정이 소금 같은 말로 은혜를 나눌 수 있기를 바라요. 이웃에게 전할 은혜가 넘치는 소금 같은 말을 정해보아요.

**🏠 6. 온 가족 함께
기도하기!**

*밑줄에 우리 가정의 한
줄기도문을 넣어 함께
기도합니다.

예수님의 이름으로 기도드립니다. 아멘.
예) 소금 같은 말을 하는 우리 가정이 되어 예수님을 전하게해주세요.

🏠 7. 주기도문

*함께 주님이 가르쳐주
신 기도를 드립니다.
*활동자료 _ 책갈피를
활용합니다.

우리 가족 날마다 말씀따라 **소금 같은 말 사탕**

믿음의 가정 미션 소금 같은 말을 연습하는 활동을 함께 합니다.

준비해요!

종이, 빵끈(또는 리본), 가위, 펀치, 막대사탕, 필기도구

이렇게 해요!

1. 종이를 13×3cm로 길게 잘라 2-3-3-3-2cm 간격으로 접어요.

2. 펀치로 양 끝에 구멍을 2개씩 내요.

3. 우리 가정에서 정한 소금 같은 말을 적어요.

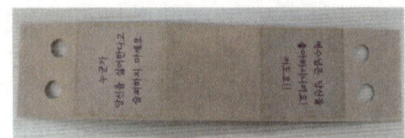

4. 막대사탕을 넣고 빵끈(또는 리본)으로 고정해요.

5. 친구나 이웃에게 우리 가정의 소금 같은 말 사탕을 전해요.

---

*다음 주 자녀가 인도하는 예배를 위해, 예배 인도할 자녀를 정하여 예배를 준비합니다. 자녀가 어리면 부모가 인도합니다.

내 믿음을 보여요

32주차

| 오늘의 말씀: 야고보서 2장 14~17, 25~26절

| 오늘의 예배인도자:

1. 온 가족 찬양

*우리 가정에서 잘 부르는 찬양으로 온 가족이 함께 찬양합니다.

🎵 믿음 있는 어린이

2. 온 가족 기도

*인도자를 따라 한 구절씩 따라 기도'하고 함께 '아멘'으로 기도합니다.

함께 하시는/ 하나님 아버지!/

화목한 가정예배를 통해/ 우리 가정이 하나님을/ 더 깊이 알길 원해요./

오늘 우리 가정에게/ 주실 말씀을/ 귀 기울여 듣게 해 주세요./

예수님의 이름으로/ 기도드립니다./ 아멘.

3. 온 가족 성경 읽기

*예배를 인도하는 자녀가 성경 말씀을 읽습니다.

야고보서 2장 14~17, 25~26절

14 나의 형제자매 여러분, 누군가가 믿음이 있다고 말은 하면서 행함이 없다면 무슨 쓸모가 있겠습니까? 그 믿음이 그를 구원할 수 없지 않습니까?

15 형제나 자매가 헐벗은 채로 하루하루 먹을 음식도 모자라는 처지에 있다고 합시다.

16 그런데 여러분 가운데 누군가가 그들에게 말하기를 "평안히 가세요. 몸을 따뜻하게 하고 배부르게 드세요."라고 한다고 합시다. 그러면서 몸에 꼭 필요한 것을 여러분이 그들에게 주지는 않는다고 합시다. 그러면 그것이 무슨 쓸모가 있겠습니까?

17 믿음도 이와 같습니다. 행함이 없으면 믿음은 그 자체만으로는 죽은 것입니다.

25 마찬가지로 몸 파는 여자 라합도 행함에 기초하여 의롭다고 여김을 받은 것이 아닙니까? 정찰병들을 맞아들였다가 다른 길로 내보냈을 때 말입니다.

26 몸은 영이 없으면 죽은 것이듯이, 이처럼 믿음도 행함이 없으면 죽은 것이니까요. (새한글 성경)

*본문의 이야기를 생각
하며 색칠합니다.

🏠 **5. 온 가족 마음 하나 되기**

*말씀 해설을 인도자가 낭독하며 본문을 정리합니다.
*자녀 중 고학년의 자녀 혹은 부모가 담당합니다.

기억해요!

믿음과 행함은 나누어질 수 없어요. 행함은 믿음의 실천이기 때문이에요.

*자녀 중 담당자가 가족의 마음을 나누도록 인도합니다.

스데반의 순교 이후 예수님을 믿는 사람들은 곳곳으로 흩어졌어요. 그들 중에는 부유한 사람도 있었지만, 가난한 사람도 많았어요. 이 말씀은 야고보가 믿음이 있다고 고백하면서도 가난한 사람들을 돕지 않았던 이들에게 한 이야기예요. 말씀을 알고 있었지만 나누지 않았기에 가난한 사람들은 먹을 것도, 필요한 것도 얻지 못한 채 돌아서며 속상해했겠지요. 실천하지 않고 말로만 고백하는 믿음은 아무 소용이 없어요.

믿음과 행함은 나누어질 수 없어요. 행함은 믿음의 실천이기 때문이에요.

여리고의 기생 라합은 하나님께서 이스라엘 백성에게 가나안 땅을 주실 것을 믿었어요. 그래서 이스라엘 열두 정탐꾼이 여리고에 왔을 때 자기 목숨을 걸고 그들을 숨겨주고 안전하게 보내주었어요. 이처럼 라합은 행동으로 자신의 믿음을 보였어요.

1. 라합은 왜 이스라엘 열두 정탐꾼을 도와주었나요?

2. 믿음과 행함은 서로 나누어질 수 있을까요?

3. 나는 믿음의 사람으로서 어떻게 믿음을 실천하고 있나요? 우리 가정은 어떤 구체적인 행동으로 믿음의 가정으로서 믿음을 실천할 수 있을지 정해보아요.

🏠 **6. 온 가족 함께 기도하기!**

*밑줄에 우리 가정의 한 줄 기도문을 적고 함께 기도합니다.

예수님의 이름으로 기도드립니다. 아멘.
예) 믿음을 실천하는 우리 가정이 되어 행함으로 믿음을 보이게 해주세요.

🏠 **7. 주기도문**

*함께 주님이 가르쳐주신 기도를 드립니다.
*활동자료_책갈피를 활용합니다.

우리 가족 날마다 말씀따라 **'내 믿음을 보여요'** 네모 퍼즐북

믿음의 가정 미션 아래 네모 퍼즐북을 만들며 믿음을 실천하기로 다짐해요!

준비해요!

'내 믿음이 보여요' 네모 퍼즐북(활동자료 241쪽), 채색도구, 풀

이렇게 해요!

네모 퍼즐북 만들기

1. 활동자료에서 '내 믿음이 보여요' 네모 퍼즐북 도안을 뜯어 내요.

2. 가로로 반을 접은 후 중심선에 맞춰 양쪽을 접어 대문 접기해요.

3. 2를 펼친후 세로로 반을 접은 후 중심선에 맞춰 양쪽을 접어 대문접기를 해요.

4. 'ㅁ' 모양의 도안 중 ★모양을 앞으로 놓고, ★은 ★과, ★은 ★과 맞닿게 풀칠하여 붙여요.

5. ♥은 ♥과, ♥은 ♥과 맞닿게 풀칠하여 붙여요.

6. 1장면에서 양옆으로 반을 뒤로 살짝 접은 후 가운데를 양옆으로 펼쳐(창문 열 듯) 2장면 〈라합의 믿음 실천〉을 색칠해요.

7. 위아래로 반을 뒤로 살짝 접은 후 가운데로 위아래로 펼쳐 3장면으로 이동해요. 3장면은 〈나와 우리 가정의 믿음 실천〉이에요. 가정예배시간에 정한 내용을 그리고 글로 적어요.

8. 양옆으로 반을 뒤로 살짝 접은 후 가운데를 양옆으로 펼쳐(창문 열 듯) 4장면으로 이동해요.

9. 위아래로 반을 뒤로 살짝 접은 후 가운데로 위아래로 펼치면 다시 1장면부터 시작해요.

10. 완성된 '내 믿음을 보여요' 책을 서로에게 소개하며 믿음을 실천하는 우리 가정이 되어요.

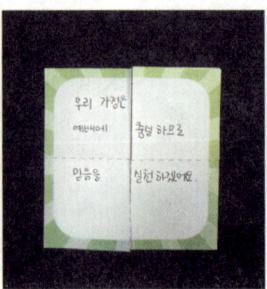

33 주차

하나님이 함께 하세요

| 오늘의 말씀: 이사야 41장 10절
| 오늘의 예배인도자:

🏠 1. 예배의 부름

기쁨으로 여호와를 섬기며 노래하면서 그의 앞에 나아갈지어다

(시편 100편 2절)

🏠 2. 찬송

*제시된 찬양 또는 온 가족이 함께 부를 수 있는 곡을 선택하여 가족이 함께 찬양합니다.

🎵 하나님은 너를 지키시는 자

🏠 3. 사도신경

*사도신경으로 함께 고백합니다.
*활동자료 _ 책갈피를 활용합니다.

🏠 4. 기도

*가족 중 한 명이 준비하여 대표기도 합니다.
*자녀들 기도는 부모가 도와주어 준비하고, 아주 어린 자녀의 경우, 부모가 기도합니다.

함께 하시는 하나님 아버지!

화목한 가정예배를 통해 우리 가정이 하나님을 더 깊이 알길 원해요. 오늘 우리 가정에게 주실 말씀을 귀 기울여 듣게 하세요. 예수님의 이름으로 기도드립니다. 아멘.

이사야 41장 10절

두려워하지 말라 내가 너와 함께 함이라 놀라지 말라 나는 네
하나님이 됨이라 내가 너를 굳세게 하리라 참으로 너를 도와 주
리라 참으로 나의 의로운 오른손으로 너를 붙들리라

(개역개정 성경)

6. 온 가족 말씀

*말씀 해설을 인도자가 낭독합니다.
*인도자는 말씀을 준비하며 깨달은 점과 말씀을 우리 가족에게 적용할 수 있는 질문을 준비하여 가족과 함께 나눠 주어도 좋습니다.

기억해요!

의로운 오른손은 하나님의 공의와 능력을 상징해요. 하나님이 도우시고 붙드신다는 의미예요.

기억해요!

격려는 용기나 의욕이 솟아나도록 북돋아 주는 것을 말해요. 응원과 지지를 나타내요.

하나님께서는 이스라엘 백성과 늘 함께하시며 그들을 격려하세요. 이스라엘은 하나님의 백성이기 때문이에요.

하지만 이스라엘 백성은 이사야 선지자의 경고를 귀담아듣지 않고, 하나님을 바르게 예배하지 않았어요. 또 이웃의 어려움을 모른 체하며 자신의 유익만을 구했어요. 심지어 하나님께서 가장 싫어하시는 이방의 우상을 섬기고 따랐어요. 결국 하나님께서는 더 이상 이스라엘 백성의 죄를 참지 않으셨어요. 이스라엘은 바벨론과의 전쟁에서 지고 포로가 될 거예요. 포로 생활은 고통과 두려움이 계속될 거예요. 하지만 하나님께서는 희망이 사라진 이스라엘 백성에게 이사야 선지자를 통해 약속하셨어요. "두려워하지 말라. 내가 너와 함께 함이라."

이스라엘 백성은 하나님께서 바벨론에서도 자신들과 함께 하신다는 약속을 알고 슬픈 마음이 사라졌어요. 힘든 포로 생활에서도 하나님께서 자신들을 굳세게 하고 도와주시며 붙들어 주신다는 약속에 힘이 났어요.

하나님을 믿는 우리 가정도 하나님께서 격려해 주세요. 하나님을 믿는 사람으로 바르게 살지 못할 때도 하나님께서는 우리 가정을 붙드시고 믿음의 가정이 되도록 지켜주세요. 부끄럽거나 힘든 상황, 아프고 슬픈 모든 시간에도 하나님께서는 우리 가정을 위로하시고 도와주세요. 이것을 기억해요!

함께 하시는 하나님 아버지, 포로가 된 이스라엘 백성과 함께 하시고 격려해 주심을 감사합니다. 우리 가정이 어렵고 힘들 때도 하나님께서 함께 하시고 격려해 주세요. 날마다 하나님의 의로운 오른손을 붙잡고 살아가는 우리 가정이 되게 해 주세요. 예수님의 이름으로 기도드립니다. 아멘.

우리 가족 날마다 말씀따라 **수요예배 드리는 복된 우리 가정**

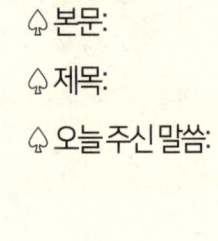 온 가족이 함께 수요예배/금요철야예배를 드려요.

1. 오늘 주신 말씀을 기억해요!

♤ 본문:

♤ 제목:

♤ 오늘 주신 말씀:

2. 깨달은 말씀을 기도문으로 적고 함께 기도해요!

성령의 열매를 맺어요

34 주차

| 오늘의 말씀· 갈라디아서 5장 22~23절

| 오늘의 예배인도자:

🏠 1. 온 가족 찬양

*우리 가정에서 잘 부르는 찬양으로 온 가족이 함께 찬양합니다.

🎵 아하! 성령열매

🏠 2. 온 가족 기도

*기도를 준비한 가족이 대표기도합니다.

*어린자녀의 경우, 부모를 따라 한 구절 한 구절 따라 기도합니다.

함께 하시는/ 하나님 아버지!/

화목한 가정예배를 통해/ 우리 가정이 하나님을/ 더 깊이 알길 원해요./

오늘 우리 가정에게/ 주실 말씀을/ 귀 기울여 듣게 하세요./ 예수님의 이름으로/

기도드립니다./ 아멘.

🏠 3. 온 가족 성경 읽기

*담당한 가족이 오늘의 말씀을 소개합니다.

갈라디아서 5장 22~23절

22 오직 성령의 열매는 사랑과 희락과 화평과 오래 참음과 자비와 양선과 충성과

23 온유와 절제니 이같은 것을 금지할 법이 없느니라

(개역개정 성경)

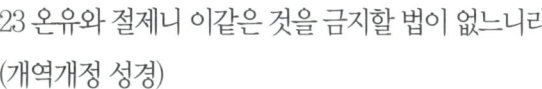

*온 가족이 함께 '아하!
성령열매'를 찬양하며
성경을 암송합니다.
*두 손으로 열매를 세며,
박수치며 찬양하며 말
씀을 암송합니다.

(가족 중 한 명이 외쳐요.)

오직 성령의 열매는

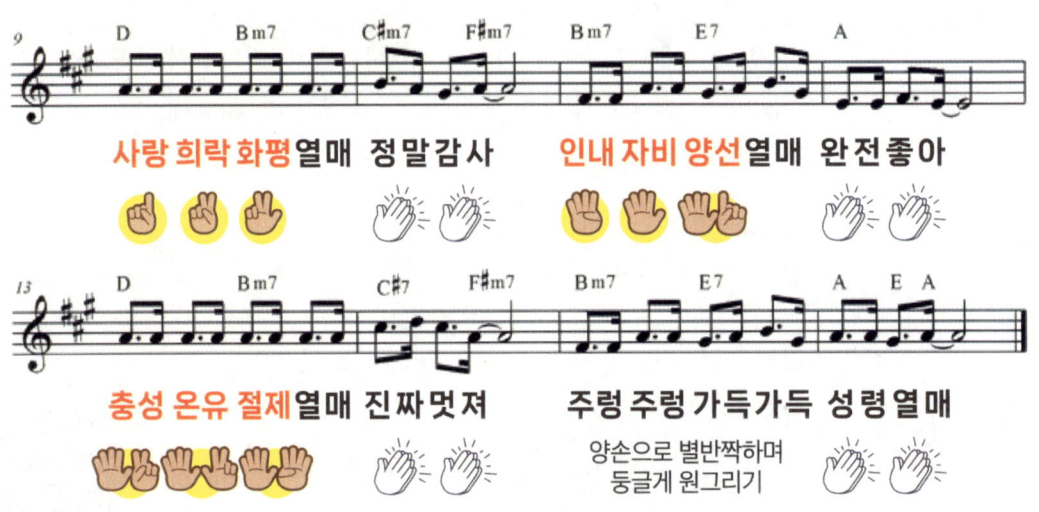

사랑 희락 화평 열매 정말 감사   인내 자비 양선 열매 완전 좋아

충성 온유 절제 열매 진짜 멋져   주렁 주렁 가득가득 성령 열매

양손으로 별반짝하며
둥글게 원그리기

(온 가족이 외쳐요)

금지할 법이 없어요.
갈라디아서 5장 22절, 23절 말씀 아멘

나무가 자라 열매를 맺듯 예수님을 믿는 믿음의 사람도 열매를 맺어야 해요. 그런데 이 열매는 내 힘과 감정으로 맺을 수 있는 것이 아니에요. 성령님과 함께 할 때에만 맺을 수 있어요. 성령님은 믿음의 사람들로 하여금 성령의 열매를 맺게 하세요.

성령의 열매는
사랑, 희락, 화평,
오래참음, 자비, 양선,
충성, 온유, 절제예요.

성령의
열매

좋으신 하나님 아버지, 말씀으로 성령의 열매를 알게 하심을 감사합니다. 우리 가정이 날마다 성령님과 함께하며 사랑, 희락, 화평, 오래참음, 자비, 양선, 충성, 온유, 절제의 열매를 맺게 해 주세요. 예수님의 이름으로 기도드립니다. 아멘.

우리 가족 날마다 말씀따라 **성령의 열매 맺는 우리 가정**

믿음의 가정 미션 온 가족이 함께 '열매 맺는 열매존' 활동을 해요!

준비해요!

두꺼운 종이, 필기도구, 채색도구(색연필, 사인펜 등)

이렇게 해요!

1. 두꺼운 종이에 '성령의 열매'라고 적어요. 열매 그림으로 꾸며도 좋아요.

2. 요일마다 집안 곳곳을 돌며 열매존을 표시해요. 부모님이나 가족 모두가 돌아가며 하루 한 번씩 열 매존을 이동해요.

3. 하루에 한 번, 열매존에 서서 '아하! 성령열매'를 찬양하며 말씀을 암송해요.

4. 말씀을 암송하고 아래 '말씀암송 열매가지'의 열매를 하나씩 색칠해요.

<말씀암송 열매가지>

성경을 가르치고 배우는 우리 가정이에요

| 오늘의 말씀: 디모데후서 3장 14~15절

| 오늘의 예배인도자:

🏠 1. 온 가족 찬양

*우리 가정에서 잘 부르는 찬양으로 온 가족이 함께 찬양합니다.

♫ 나의 사랑하는 책(찬송가 199장)

🏠 2. 온 가족 기도

*기도를 준비한 가족이 대표기도합니다.
*어린자녀의 경우, 부모를 따라 한 구절 한 구절 따라 기도합니다.

함께 하시는/ 하나님 아버지!/

화목한 가정예배를 통해/ 우리 가정이 하나님을/ 더 깊이 알길 원해요./

오늘 우리 가정에게/ 주실 말씀을/ 귀 기울여 듣게 하세요./ 예수님의 이름으로/

기도드립니다./ 아멘.

🏠 3. 온 가족 성경 읽기

*담당한 가족이 오늘의 말씀을 소개합니다.

디모데후서 3장 14~15절

14 그러나 너는 배우고 확신한 일에 거하라 너는 네가 누구에게서 배운 것을 알며

15 또 어려서부터 성경을 알았나니 성경은 능히 너로 하여금 그리스도 예수 안에 있는 믿음으로 말미암아 구원에 이르는 지혜가 있게 하느니라 (개역개정 성경)

　　함께 손유희를 익히며 말씀을 암송하고, 한 명씩 돌아가며 말씀을 암송합니다. 이때 말씀을 암송하는 가족은 말씀과 손유희를 함께 암송하고, 다른 가족들은 손유희만 함께 합니다.

그러나 너는	배우고	확신한 일에	거하라	너는 네가
두 손을 가슴에 모아요.	양손을 펼쳐요.	주먹을 쥐어요.	주먹 쥔 손을 앞뒤로 흔들어요(걷는 모습).	두 손을 가슴에 모아요.

누구에게서 배운 것을	알며	또 어려서부터	성경을	알았나니
두 손을 펼쳐 부모님을 향해 들어요.	고개를 두 번 끄덕여요.	검지손가락으로 볼을 콕 찍어요.	양손을 펼쳐요.	고개를 두 번 끄덕여요.

성경은	능히 너로 하여금	그리스도 예수 안에 있는	믿음으로 말미암아
양손을 펼쳐요.	두 손을 가슴에 모아요.	양팔을 벌려 십자가 모양을 만들어요.	두 손을 모아 기도손해요.

구원에 이르는	지혜가	있게 하느니라
기도손을 위로 올려요.	두 손을 반짝여요.	두 손을 가슴에 모아요.

디모데후서	3장	14,15절 말씀	아멘
양손을 펼쳐요.	손가락으로 3을 표현해요.	손가락으로 14, 15를 표현해요.	두 번 손뼉을 쳐요.

디모데는 어려서부터 가정에서 성경을 배웠어요. 디모데는 어머니에게, 또 디모데의 어머니는 디모데의 할머니, 바로 어머니의 어머니에게 성경을 배웠지요. 디모데는 어려서부터 어머니와 할머니에게 배운 성경을 기억하며 자랐어요. 하나님께서 주신 가정 안에서 성경을 배우며 순종하며 자랐어요.

믿음의 부모는 자녀에게 성경을 가르쳐요. 성경은 예수님을 믿음으로 구원받는 믿음의 가정이 되게 해요.

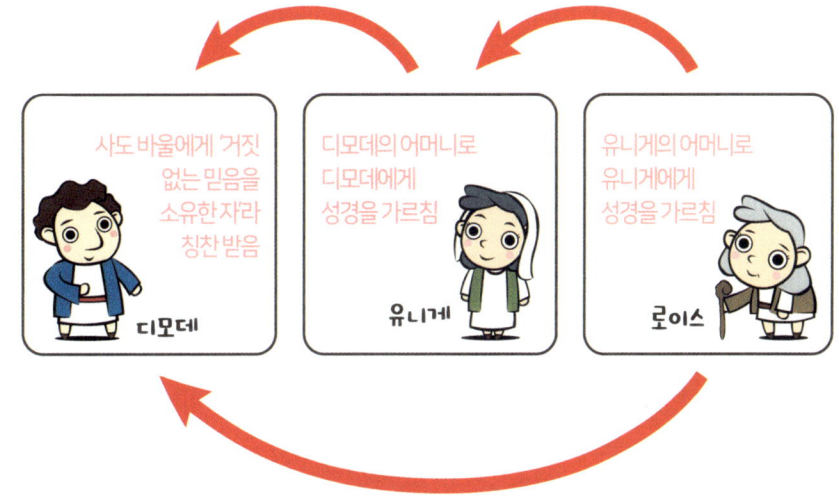

사도 바울에게 '거짓 없는 믿음을 소유한 자'라 칭찬 받음 **디모데**

디모데의 어머니로 디모데에게 성경을 가르침 **유니게**

유니게의 어머니로 유니게에게 성경을 가르침 **로이스**

모두 함께 손유희하며 한 번 더 말씀을 암송합니다.
릴레이로 돌아가며 반복 암송합니다.

하나님 아버지, 우리 가정이 성경을 가르치고 배우는 믿음의 가정임을 감사합니다. 부모님께서 성경을 가르쳐주실 때 ( )는 말씀을 잘 배우게 해 주세요. 우리 가정예배를 통해 어려서부터 배운 말씀 위에 굳게 서길 원해요. 예수님의 이름으로 기도드립니다. 아멘.

우리 가족 날마다 말씀따라 **성경을 가르치고 배우는 우리 가정**

믿음의 가정 미션 우리 가족 모두 다 '출근길 vs 등굣길 말씀 릴레이'

이렇게 해요!

1. 매일 아침 부모님이 출근하실 때, 자녀가 등교할 때, 문 앞에서 말씀을 암송해요.

2. 가족이 함께 이동하는 경우, 이동하며 말씀을 암송해요.

3. 말씀을 암송할 때마다 아래에 글자를 한 칸씩 색칠해 '디모데후서 3:14-15'를 완성해요.

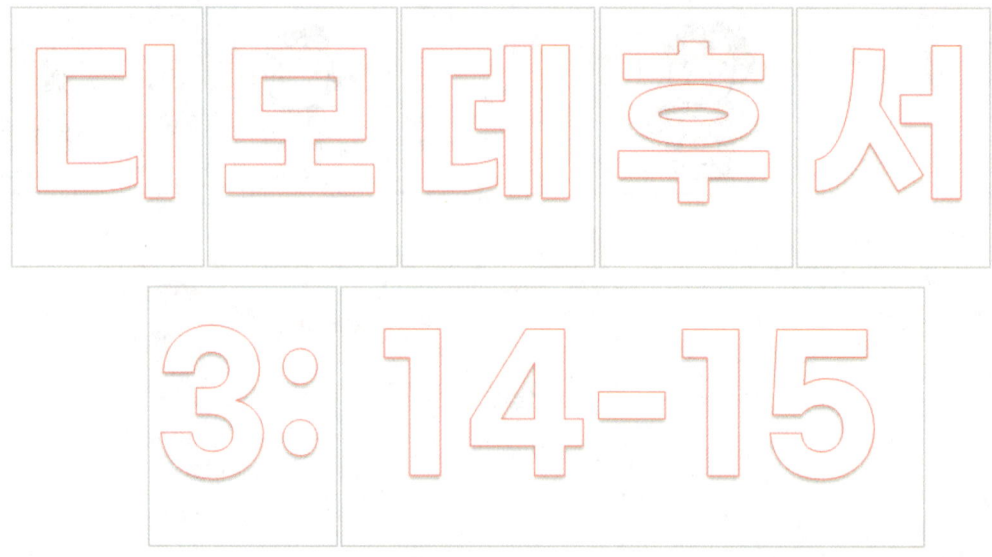

36 주차

하나님을 신뢰해요

| 오늘의 말씀: 잠언 3장 5~6절

| 오늘의 예배인도자:

🏠 1. 온 가족 찬양

*우리 가정에서 잘 부르는 찬양으로 온 가족이 함께찬양합니다.

♬ 하나님 저 왔어요

🏠 2. 온 가족 기도

*기도를 준비한 가족이 대표기도합니다.
*어린자녀의 경우, 부모를 따라 한 구절 한 구절 따라 기도합니다.

거룩하신 하나님 아버지!/

화목한 가정예배를 통해/ 거룩하신 하나님을/ 만나길 원해요. / 말씀을 통해/

우리 가정에 오셔서/ 함께해 주시고/ 오늘 만난 하나님을/ 따라 살게 해 주세요./

예수님의 이름으로/ 기도드립니다./ 아멘.

🏠 3. 온 가족 성경 읽기

*담당한 가족이 성경을 읽습니다.

잠언 3장 5~6절

5 너는 마음을 다하여 여호와를 신뢰하고 네 명철을 의지하지 말라

6 너는 범사에 그를 인정하라 그리하면 네 길을 지도하시리라

(개역개정 성경)

*오늘 읽은 성경 말씀 이
야기를 상상하여 그림
에 '나'를 그립니다.

*온 가족이 성경 그림의
느낌을 나눕니다. 완성
한 그림을 가족에게 설
명합니다.

🏠 5. 온 가족 마음 하나되기

*질문에 답해 봅니다.

1. 그림 속에 등장한 인물들은 누구인가요?

기억해요!

신뢰(信賴): 굳게 믿고 의지함

2. 인물들은 서로 어떤 이야기를 하고 있나요?

기억해요!

명철(明晳):
- 명철하다의 어근
- 사리를 분명하게 판단하고 이치에 밝음
- 유의어: 지혜, 슬기, 분별력, 통찰력, 슬기롭다.

3. 앞으로 어떤 일이 일어날까요?

종종 자신의 생각과 지혜를 더 믿곤 하는 우리들에게 성경은 모든 일에서 하나님을 먼저 신뢰하라고 가르쳐요. 아래 문장을 완성해요.

기억해요!

길을 지도하다: 바르게 인도하다, 평탄케 하다, 좌우로 치우치지 아니하다.

나는 마음을 다하여 (   )을 '신뢰'해요.
내 '명철'을 의지하지 않고,
범사에 (   )를 인정해요.
그러면 (   )께서 내 '길을 지도해'주세요.
나는 하나님께서 지도하시는 대로 따라가요.

*말씀을 따르려면 어떻게 해야 합니까?

내 생각이 아닌 하나님께서 지도하시는 대로 따라야 할 일은 무엇인가요? 가족과 구체적으로 이야기하며 하나님을 신뢰하기로 고백합니다.

🏠 6. 온 가족 함께 기도하기!

*깨달은 말씀을 생각하며 함께 기도합니다.

예수님의 이름으로 기도드립니다. 아멘.
예) 날마다 하나님을 의뢰하는 우리 가정이 되게 해주세요.

🏠 7. 주기도문

*함께 주님이 가르쳐주신 기도를 드립니다.
*활동자료 _ 책갈피를 활용합니다.

우리 가족 날마다 말씀따라 **하나님을 신뢰하는 우리 가정**

믿음의 가정 미션 이번주에는 다음의 방법에 따라 SNS 프로필을 업데이트 해 봅시다!

준비해요!

스마트폰 카메라, 콜라주 어플

이렇게 해요!

1. 온 가족 성경 체험에서 그린 가족 모두의 그림을 사진으로 찍어요.

2. 콜라주 어플을 사용해 사진들을 한 장으로 편집해요.

3. 편집한 사진을 SNS(카톡 등) 프로필 사진에 올리고, '우리 가정은 하나님을 의뢰해요' 또는 '하나님을 의뢰하는 우리 가정'과 같은 문구를 덧붙여요.

4. SNS 프로필을 보고 궁금해하는 이에게 화목한 가정예배에서 나눈 자신의 이야기를 전해요.

tip. 자신의 이야기만 전할 수 있어요. 자신의 이야기가 아닌 가족의 이야기는 대신 말하지 않아요.

37 주차

거룩하신 하나님을 따라가요

| 오늘의 말씀: 베드로전서 1장 16절
| 오늘의 예배인도자:

🏠 1. 예배의 부름

하나님은 영이시니 예배하는 자가 영과 진리로 예배할지니라

(요한복음 4장 24절)

🏠 2. 찬송

*제시된 찬양 또는 온 가족이 함께 부를 수 있는 곡을 선택하여 가족이 함께 찬양합니다.

🎵 주를 따라

🏠 3. 사도신경

*사도신경으로 함께 고백합니다.
*활동자료 _ 책갈피를 활용합니다.

🏠 4. 기도

*가족 중 한 명이 준비하여 대표기도 합니다.
*자녀들 기도는 부모가 도와주어 준비하고, 아주 어린 자녀의 경우, 부모가 기도합니다.

거룩하신 하나님 아버지!

화목한 가정예배를 통해 거룩하신 하나님을 만나길 원해요. 말씀을 통해 우리 가정에 오셔서 함께해 주시고 오늘 만난 하나님을 따라 살게 해 주세요. 예수님의 이름으로 기도드립니다. 아멘.

베드로전서 1장 16절

기록되었으되 내가 거룩하니 너희도 거룩할지어다 하셨느니라

(개역개정 성경)

6. 온가족 말씀

*말씀 해설을 인도자가 낭독합니다.
*인도자는 말씀을 준비하며 깨달은 점과 말씀을 우리 가족에게 적용할 수 있는 질문을 준비하여 가족과 함께 나눕니다.

기억해요!

거룩:
구별됨, 분리됨
-히브리어 '카도쉬 (קָדוֹשׁ)'
-헬라어 '하기오스 (ἅγιος)'

기억해요!

성도(聖徒):
-기독교 신자를 부르는 존칭
-예수님을 믿는 거룩한 무리

예수님을 믿음으로 구원받은 성도는 거룩하신 하나님을 따라 '거룩'하게 살아야 해요. 비록 하나님을 따르는 '성도'의 삶이 힘들고 어렵다고 해도 말이에요.

초대교회 성도들은 예수님을 믿는다는 이유로 박해와 고난을 받았어요. 어떤 이들은 괜한 오해로 부끄러움을 당하거나 살던 곳에서 쫓겨나기도 했어요. 또 다른 이는 옥에 갇히기도 하고 심지어 목숨을 잃기도 했어요. 믿음으로 이 모든 것을 묵묵히 이겨내는 성도도 있었지만, 그렇지 못한 성도도 있었어요. 예수님을 믿기 전 모습으로 돌아가 믿음대로가 아닌 세상 사람들의 기준과 모습을 따르기 시작했어요. 그때 베드로는 하나님의 말씀을 전했어요. "내가 거룩하니 너희도 거룩할지어다."

이스라엘 백성이 하나님의 부르심으로 애굽에서 나와 광야를 지날 때, 그때에도 하나님은 말씀하셨어요. "내가 거룩하니 너희도 거룩할지어다(레 20:7)"

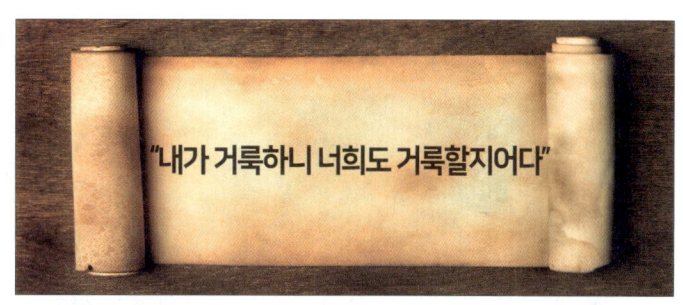

"내가 거룩하니 너희도 거룩할지어다"

하나님을 믿는 우리 가정도 거룩하신 하나님을 따라야 해요. 시간을 구별해서 하나님을 따르고, 세상의 가치가 아닌 하나님만을 따라가는 깨끗한 사람이 되어야 해요. 오직 하나님만을 섬기며 거룩하신 하나님을 따라가는 우리 가정이 되어야 해요.

거룩하신 하나님 아버지. 우리 가정이 하나님을 따라 거룩하게 살아가길 원해요. 우리 가정이 하나님과 약속한 시간을 소중히 지키고 세상을 따르지 않고 하나님을 따라가는 구별되고 깨끗한 가정이 되게 해 주세요. 예수님의 이름으로 기도드립니다. 아멘.

37 주차   월   일   요일

우리 가족 날마다 말씀따라 수요예배 드리는 복된 우리 가정

믿음의 가정 미션 온 가족 함께 수요예배/금요철야예배 참석해요.

1. 주중 예배를 참석하여 목사님께 축복기도 받아요!

– 예배후 목사님을 찾아가요.

– 예배에 참석한 믿음의 가정을 축복기도 해 주시도록 요청해요.

– 주변에 계신 부교역자나 성도에게 축복기도 받는 믿음의 가정 사진을 부탁해요.

– 축복기도 받는 믿음의 가정 사진을 인화하여 집안 잘 보이는 곳에 전시하고, 늘 하나님의 복을 기억
　해요.

어떻게 우선순위를 정할까요?

| 오늘의 말씀: 누가복음 10장 38~42절

| 오늘의 예배인도자:

🏠 1. 온 가족 찬양

*우리 가정에서 잘 부르는 찬양으로 온 가족이 함께 찬양합니다.

♫ 하나님 만나요

🏠 2. 온 가족 기도

*기도를 준비한 가족이 대표기도합니다.
*어린자녀의 경우, 부모를 따라 한 구절 한 구절 따라 기도합니다.

거룩하신 하나님 아버지!/
화목한 가정예배를 통해/ 거룩하신 하나님을/ 만나길 원해요./ 말씀을 통해/
우리 가정에 오셔서/ 함께해 주시고/ 오늘 만난 하나님을/ 따라 살게 해 주세요./
예수님의 이름으로/ 기도드립니다./ 아멘.

🏠 3. 온 가족 성경 읽기

*담당한 가족이 성경을 읽습니다.

누가복음 10장 38~42절

38 예수님 일행이 길을 가고 있을 때, 예수님이 어떤 마을에 들어가셨다. 어떤 여자가 있었는데, 이름은 마르다였다. 그가 예수님을 맞아들였다. 39 그에게는 마리아라고 하는 자매가 있었다. 마리아는 주님의 발 앞에 앉아서 말씀을 듣고 있었다. 40 그런데 마르다는 섬기는 일이 많아서 정신없이 바빴다. 그래서 마르다가 예수님께 불쑥 다가서서 말씀드렸다. "주님, 제 동생 마리아가 저를 혼자 섬기도록 내버려두는데도, 주님은 아무렇지도 않으신가요? 그러니까 저를 좀 거들라고 마리아에게 말씀해 주세요!" 41 주님이 마르다에게 대답하셨다. "마르다, 마르다! 그대가 많은 일을 걱정하며 마음 졸이고 있네요. 42 그런데 부족한 것이 하나 있군요. 마리아는 그 좋은 부분을 선택했고, 빼앗기지 않을 겁니다." (새한글 성경)

*오늘 읽은 성경 말씀 이
야기를 상상하여 그림
에 성경의 인물들을 그
립니다.

*온 가족이 성경 그림의
느낌을 나눕니다. 완성
한 그림을 가족에게 설
명합니다.

🏠 5. 온 가족 마음 하나 되기

*그림 속에 담긴 이야기를 질문에 답하며 정리합니다.

1. 마르다는 왜 불평했나요?

2. 예수님께서는 마르다의 불평에 무엇이라고 대답하셨나요?

기억해요!

우선순위(優先順位):
-어떤 것을 먼저 차지하거나 사용할 수 있는 차례나 위치
-먼저 할 것의 순서를 정함

3. 마르다와 마리아가 서로 다른 선택을 한 이유는 무엇인가요?

예수님께서는 말씀 듣는 것을 선택한 마리아가 누구도 빼앗지 못할 좋은 것을 택했다고 말씀하셨어요. 반면에 바쁘게 일하며 불평하는 마르다에게 무엇이 정말 중요한지, 삶에서 무엇에 '우선순위'를 두어야 하는지에 대해 알려주신 거예요.

*말씀을 따르려면 어떻게 해야 할까요?

우리도 바쁜 일과 중에서 하나님을 놓치고 있지는 않았나요? 하나님을 먼저 찾고, 말씀을 내 삶의 우선순위에 두기 위해 무엇을 해야 할지 가족과 이야기하며 구체적인 방법을 세우고, 하나님과의 관계를 가장 소중하게 생각하고 선택하기로 고백합니다.

🏠 6. 온 가족 함께 기도하기!

*밑줄에 우리 가정의 한 줄 기도문을 넣어 함께 기도합니다.

예수님의 이름으로 기도드립니다. 아멘.
예)하나님을 가장 소중하게 여기고 하나님을 먼저 선택하는 우리 가정이 되게해주세요

🏠 7. 주기도문

*함께 주님이 가르쳐주신 기도를 드립니다.
*활동자료 _ 책갈피를 활용합니다.

우리 가족 날마다 말씀따라 **가장 먼저 하나님을 선택하는 우리 가정**

믿음의 가정 미션 **우리 가정의 우선순위를 세워요!**

준비해요!

돌멩이, 네임펜(유성매직, 크레파스, 색연필 등 수성제품 외 가능), 동전 마그넷, 목공풀(또는 글루건, 강력접착제)

tip. 주변에서 돌멩이를 구하기 어렵다면, 인터넷에서 납작돌, 크림자갈, 에코스톤 등을 4~5호 사이즈로 구매해요.

이렇게 해요!

1. 돌멩이를 깨끗이 닦아 말려요.

2. 네임펜이나 색연필로 돌멩이에 글이나 그림을 그려요. 바쁜 일과 속에서 무언가를 선택할 때 가장 먼저 하나님을 생각하고 하나님을 우선순위에 두겠다는 다짐을 표현해요.

3. 돌멩이 뒷면에 목공풀을 사용하여 동전마그넷을 붙여요.

4. 접착면이 단단히 마른 후, 냉장고나 부착가능한 곳에 돌멩이 마그넷을 붙여요.

5. 야곱이 벧엘에서 하나님을 만나, 돌기둥을 세워 기억한 것이나, 여호수아가 요단강을 건넌 후 12개의 돌을 세운 것처럼, 우리 가정도 하나님을 우선순위에 두고 가장 먼저 하나님을 선택하겠다는 다짐을 돌멩이 마그넷으로 약속해요.

매일매일 믿음으로 살도록 훈련해요

| 오늘의 말씀: 디모데전서 4장 7~8절
| 오늘의 예배인도자:

🏠 1. 온 가족 찬양

*우리 가정에서 잘 부르는 찬양으로 온 가족이 함께 찬양합니다.

♫ Bible's Power

🏠 2. 온 가족 기도

*온 가족이 한 목소리로 기도문을 따라 기도합니다.
*어린 자녀의 경우, 부모를 따라 한 구절 한 구절 따라 기도합니다.

거룩하신 하나님 아버지!/

화목한 가정예배를 통해/ 거룩하신 하나님을/ 만나길 원해요./ 말씀을 통해/

우리 가정에 오셔서/ 함께해 주시고/ 오늘 만난 하나님을/ 따라 살게 해 주세요./

예수님의 이름으로/ 기도드립니다./ 아멘.

🏠 3. 온 가족 마음 이야기

*인도자는 한 주간 가족들의 삶을 질문하고, 질문에 따라 삶을 나누도록 인도합니다.

1. 어떤 것을 꾸준하게 연습하거나 훈련해온 일이 있나요?

예) 줄넘기, 악기, 손글씨 등

2. 그렇게 꾸준하게 연습하고 훈련하여 어떤 결과를 얻었나요?

디모데전서 4장 7~8절

7 저속하고 허황한 신화들을 물리치시게. 스스로를 훈련시켜 경건에 이르도록 하시게.

8 몸을 훈련시키는 것은 조금 유익하지만, 경건은 모든 면에서 유익하니까 말일세. 경건은 지금 세대와 장차 올 세대에서 누릴 생명을 약속해 주는 것이네. (새한글 성경)

1. 말씀에서 반복되는 단어는 무엇인가요?

   예) 훈련, 경건

2. 경건의 훈련이란 무엇인가요?

   예) 경건의 훈련은 믿음으로 살아가도록 돕는 훈련이에요. 매일 말씀을 읽고, 말씀을 믿고 말씀에 순종하는 경건한 습관을 기르는 것을 말해요.

3. 우리 가정은 경건의 훈련을 하고 있나요? 어떻게 하고 있는지, 혹은 앞으로 어떻게 해야 할지 이야기해 보아요.

   예) 가정 예배를 드려요. 큐티를 해요. 등굣길에 찬양을 들어요. 식사기도를 해요. 잠자리기도를 해요.

🏠 6. 온 가족 하나 되기

*인도자가 말씀 해설을 나눕니다.

바울은 디모데에게 경건에 이르도록 훈련하라고 권했어요. 세상의 어리석은 것들을 물리치고 경건함에 이르도록 훈련하라고 권면했어요. 이것은 단순히 몸을 건강하게 하는 훈련이 아니라, 믿음으로 하나님의 뜻에 따라 살아가며 영생을 누리게 하는 훈련을 말해요.

'경건'의 훈련은 믿음으로 살아가도록 하는 훈련이에요. 매일 말씀을 읽고, 말씀을 믿고 말씀에 순종하는 경건한 습관들이 흔들리지 않는 반석 같은 믿음으로 하나님의 뜻에 따라 살게 해 주어요. 우리 가족 모두 매일 말씀과 기도와 찬양하며 믿음으로 하나님 뜻에 따르도록 훈련해요.

기억해요!

경건(敬虔):
-거룩한 성품
-하나님을 경외하고, 하나님의 뜻에 따라사는삶의태도

*질문을 듣고 각자 결단한 것을 나누어 봅니다.

우리 가정의 경건훈련을 위한 다짐 한마디를 적어보세요.

🏠 7. 온 가족 함께 기도하기!

*밑줄에 우리 가정의 한 줄기도문을 넣어 함께 기도합니다.

예수님의 이름으로 기도드립니다. 아멘.
예) 매일매일 말씀을 읽고 기도하고 찬양하고 가정예배 드리는 믿음의 훈련을 열심히 하는 우리 가정이 되게 해주세요.

🏠 8. 주기도문

*함께 주님이 가르쳐주신 기도를 드립니다.
*활동자료 _ 책갈피를 활용합니다.

우리 가족 날마다 말씀따라 **믿음으로 살도록 훈련하는 우리 가정**

믿음의 가정 미션　도전! 우리 가정 경건 훈련! 우리 가정이 결단한 경건의 훈련을 매일매일 실천해요!

1. 아래 표의 윗줄에는 경건의 훈련 내용을 적고, 아랫줄에는 실천한 날짜를 기록합니다.
2. 경건의 훈련을 실천 할 때마다 날짜 아래에 체크해요.

우리 가정이 결단한 경건 훈련:

월 일	월 일	월 일	월 일	월 일	월 일	월 일
O, X	O, X	O, X	O, X	O, X	O, X	O, X

하나님 나라는 소중해요

40주차

| 오늘의 말씀: 마태복음 13장 44절
| 오늘의 예배인도자:

🏠 1. 온 가족 찬양

*우리 가정에서 잘 부르는 찬양으로 온 가족이 함께 찬양합니다.

♫ 천국은 마치

🏠 2. 온 가족 기도

*온 가족이 한 목소리로 기도문을 따라 기도합니다.
*어린 자녀의 경우, 부모를 따라 한 구절 한 구절 따라 기도합니다.

거룩하신 하나님 아버지!/
화목한 가정예배를 통해/ 거룩하신 하나님을/ 만나길 원해요./ 말씀을 통해/
우리 가정에 오셔서/ 함께해 주시고/ 오늘 만난 하나님을/ 따라 살게 해 주세요./
예수님의 이름으로/ 기도드립니다./ 아멘.

🏠 3. 온 가족 마음 이야기

*인도자는 한 주간 가족들의 삶을 질문하고, 질문에 따라 삶을 나누도록 인도합니다.

1. 지금까지 산 물건 중에 가장 값비싼 것은 무엇인가요?

2. 돈을 많이 들여 그것을 샀던 이유는 무엇인가요?

🏠 4. 온 가족
    성경 읽기

*오늘 묵상 말씀을 온 가족이 함께 봉독합니다.
*어려운 단어나 이해하기 어려운 부분을 표시하고 어떤 뜻일지 생각하며 읽습니다.

마태복음 13장 44절

천국은 마치 밭에 감추인 보화와 같으니 사람이 이를 발견한 후 숨겨 두고 기뻐하며 돌아가서 자기의 소유를 다 팔아 그 밭을 사느니라 (개역개정 성경)

🏠 5. 온 가족
    생각 나누기

*오늘 읽은 성경말씀을 잠시 묵상합니다. 그리고 아래의 질문을 함께 나누어 봅니다.

1. 오늘 말씀의 '보화'는 무엇을 뜻하나요?

    예) 천국, 하나님 나라

2. 예수님은 이 비유를 통해 무엇을 말씀하시나요?

    예) 보화를 발견한 사람이 전재산을 팔아 그 밭을 산 것처럼, 하나님 나라는 이 세상의 그 어떤 것보다도 귀하고 가치있는 것이에요. 때문에 이를 발견한 사람은 큰 기쁨을 누리게 됩니다.

3. 우리 가정은 소중한 하나님 나라를 소유하기 위해 어떻게 해야 할까요?

    예) 하나님을 더 많이 생각해요. 하나님 나라를 소망해요.

**6. 온 가족
하나 되기**

*인도자가 말씀 해설을
나눕니다.

이스라엘 이야기

이스라엘에서는 집
안의 보화를 항아리
에 넣어서 땅에 숨겼
어요. 그러다가 다
른 나라의 포로로 잡
혀가거나 죽게 되면
그 보화는 그냥 땅에
묻혀있었지요. 주인
을 잃은 보화는 발견
한 사람의 소유가 되
었어요.

*밑줄을 적고 각자 결단
한 것을 나누어 봅니다.

어느 날 한 사람이 밭을 갈다가 우연히 보화를 발견했어요. 하지만 그 밭은 보화를 발견한 사람의 밭이 아니었어요. 그래서 보화를 다시 땅에 묻어놓고는 전 재산을 팔아 그 밭을 샀어요. 자신의 전 재산보다 밭에서 발견한 보화가 더 귀했기 때문이에요.

예수님은 하나님 나라가 이와 같다고 말씀하세요. 하나님 나라는 세상에서 얻을 수 있는 그 어떤 것보다도 훨씬 소중하고 귀한 것이기에 하나님 나라를 발견한 사람은 이 세상의 것을 욕심내지 않고 하나님 나라를 소유하는 기쁨을 누리게 돼요.

하나님 나라는 세상 그 무엇보다도 소중해요.

자신의 모든 것을 팔아 밭을 산 사람처럼, 세상에서의 욕심을 버리고 소중한 하나님 나라를 소유하는 기쁨을 누려요.

우리 가정은 그 무엇보다 <u>소중</u> 한

<u>하나님 나라</u> 의 주인공이 되어요.

**7. 온 가족 함께
기도하기!**

*밑줄에 우리 가정의 한
줄기도문을 넣어 함께
기도합니다.

예수님의 이름으로 기도드립니다. 아멘.
예) 그 무엇보다도 귀한 하나님 나라를 알고 기뻐하며 기쁨과 하나님 나라를 소유하는 우리 가정이 되게 해주
세요.

8. 주기도문

*함께 주님이 가르쳐주
신 기도를 드립니다.
*활동자료_책갈피를
활용합니다.

우리 가족 날마다 말씀따라 **하나님 나라의 주인공인 우리**

믿음의 가정 미션 '천국은 마치' 찬양을 부르며 온몸으로 하나님 나라의 주인공이 된 기쁨을 나누어요!
우리 가족이 날마다 하나님 나라를 기뻐해요!

1. 한 주 동안, 하루에 한 번 '천국은 마치' 찬양을 율동과 함께 찬양해요.
2. 한 주간의 마지막 날 '천국은 마치' 찬양 동영상을 온가족이 함께 촬영해요.
3. 하나님 나라의 기쁨을 전하고 싶은 사람에게 영상을 보내요.

날마다 하나님 나라를 기뻐해요!

월　일	월　일	월　일	월　일	월　일	월　일	월　일
＿＿	＿＿	＿＿	＿＿	＿＿	＿＿	＿＿

예)

5월 8일

율동

할머니

오직 은혜로 구원받아요!

41주차

| 오늘의 말씀: 디도서 3장 4~7절
| 오늘의 예배인도자:

🏠 1. 온 가족 찬양

*우리 가정에서 잘 부르는 찬양으로 온 가족이 함께 찬양합니다.

♫ 나는 구원열차 올라타고서

🏠 2. 온 가족 기도

*온 가족이 한목소리로 기도문을 따라 기도합니다.
*어린 자녀의 경우, 부모를 따라 한 구절 한 구절 따라 기도합니다.

하나님!/ 사랑과 자비로/ 우리 가족을/ 늘 지켜주셔서/ 감사합니다./
오늘도 함께 모여/ 예배드릴 때/ 기쁨과 감사와/ 사랑이 넘치는 시간이/
되게 해 주세요./ 예수님의 이름으로/ 기도드립니다./ 아멘.

🏠 3. 온 가족 마음 이야기

*인도자는 한 주간 가족들의 삶을 질문하고, 질문에 따라 삶을 나누도록 인도합니다.

1. 누군가가 나에게 아무 조건 없이 선물을 준다면, 나는 그 사람의 어떤 마음을 느낄 수 있을까요?

2. 내가 누군가에게 아무 조건 없이 선물을 줄 때, 어떤 마음으로 그런 행동을 할까요?

🏠 4. 온 가족 성경 읽기

*오늘 묵상 말씀을 인도 자가 끊어 읽기 부분을 읽으면, 가족이 따라 읽습니다.
*다시 한번 성경을 읽을 땐, 다 같이 읽습니다. 어렵거나 중요한 단어에 동그라미합니다.

디도서 3장 4~7절

4 그러나/ 우리의 구원자 하나님의/ 친절함과 사람 사랑하심이/ 나타났네/

5 그때에 하나님이/ 우리를 구원해 주셨지./ 우리 자신들이 실행한/ 의로운 행동들에/ 기초한 것이 아니라/ 하나님의 한결같은/ 사랑에 따른 것이지./ 다시 태어나도록/ 씻어 주심과/ 성령님의/ 새롭게 해 주심을 통해서/ 그리하셨지./

6 성령님을/ 하나님이 우리 위에/ 넉넉하게 쏟아부어 주셨지./ 예수 그리스도/ 우리의 구원자를 통해서/ 그리하셨지./

7 그래서 그분의 은혜로/ 우리가 의롭다고/ 인정하심을 받아,/ 희망대로 영원한/ 생명의 상속자가/ 될 수 있었네./

(새한글 성경)

🏠 5. 온 가족 생각 나누기

*오늘 읽은 성경말씀을 잠시 묵상합니다. 그리고 아래의 질문을 함께 나누어 봅니다.

1. 오늘 읽은 말씀과 메시지에서 가장 마음에 남은 문장은 무엇인가요? 마음에 남은 이유도 함께 나눠 보세요.

예) '우리가 행한 의로운 일 때문에 구원받은 것이 아니다.' 나의 부족함에도 불구하고 은혜로 나를 구원해 주셨다는 사실이 감사해요.

2. 오늘 말씀에서 가장 중요한 내용은 무어라고 생각하나요?

예) 하나님께서 우리가 착한 일을 많이 해서가 아니라, 하나님의 자비와 사랑 때문에 구원하셨어요. 예수님의 보혈로 죄를 씻어주시고, 성령님으로 우리를 새롭게 변화시키셨어요. 성부, 성자, 성령님께서 함께 일하셔서 우리를 하나님의 자녀삼아 주셨어요.

3. 이 말씀을 내 삶에 어떻게 적용할 수 있을까요?

예) 나도 하나님의 은혜로 구원의 선물을 받아서 감사해요. 구원받은 사람답게 하나님께 늘 영광을 돌리고, 중생의 은혜를 친구들에게 전하겠어요!

🏠 6. 온 가족 하나 되기

*인도자가 말씀 해설을 나눕니다.

기억해요!

중생은 예수님이 내 죄를 씻어주시고 성령님이 내 마음을 새롭게 해주시는 거듭남의 은혜예요.

하나님께서는 구원받을 자격이 없는 우리에게 자비를 베풀어 주셨어요. 예수님의 보혈로 우리의 죄를 씻어주셨어요. 성령님으로 우리를 새롭게 변화시켜 주셔서, 우리를 거듭난 하나님의 자녀가 되게 해주셨어요. 그래서 하나님의 나라를 상속받는 하나님의 자녀, 상속자가 되게 해주셨어요. 이 모든 은혜를 '중생'의 은혜라고 해요. 중생의 은혜는 성부, 성자, 성령 하나님이 함께 이루어주시는, 아무런 대가 없이 주시는 하나님의 선물이에요.

하나님의 자비와 사랑으로 우리는 구원받아요. 하나님의 은혜에 감사하며 중생의 은혜를 전하며 살아요.

*질문을 듣고 각자 결단한 것을 나누어 봅니다.

1. 구원받고 천국 가기 위해서, 나의 힘과 능력, 노력으로 애써 본 적이 있나요?

예) 교회에 빠지면 구원받지 못할까 봐 억지로 교회에 나갔어요.

2. 우리는 구원받기 위해 노력하는 대신, 하나님 앞에서 무엇을 해야 할까요?

예) 예수님께서 나를 구원하시려고, 십자가에 돌아가신 것을 믿어요. 하나님께서 주시는 구원의 선물을 감사하게 받아요.

🏠 7. 온 가족 함께 기도하기!

*빈칸을 채워 기도문을 완성한 후, 가족들이 함께 기도합니다.

하나님, 나의 죄를 씻어주시고 구원받게 해 주셔서 감사합니다. 예전의 모습이 아닌 새로운 모습으로 변화시켜 주신 은혜에 감사합니다. 오늘 말씀처럼 우리의 _____ 이 아닌 하나님의 _____로 주신 구원을 늘 기억하게 도와주세요. 예수님의 이름으로 기도드립니다. 아멘!

예) 노력, 선물

tip. 중생의 은혜를 깊이 체험하도록 가족기도를 함께 드리고, 우리뿐 아니라 다른 사람들도 구원의 은혜를 알도록 중보기도 하며, 자녀를 위해 축복기도를 더하고 기도를 마무리해요.

🏠 8. 주기도문

*함께 주님이 가르쳐주신 기도를 드립니다.
*활동자료 _ 책갈피를 활용합니다.

우리 가족 날마다 말씀따라 **우리 가족 구원열차 출발합니다!**

믿음의 가정 미션 여기 예수님이 차장이 되신 구원(중생)열차가 있어요. 차표는 필요 없어요.
누구든지 무료로 탈 수 있는 하나님의 선물이랍니다.

1. 구원열차에 우리 가족이 탔어요. 가족의 얼굴을 각각 그려주세요.

2. 가족 외에 열차에 태워주고 싶은 사람이 있나요? 그 사람의 얼굴을 그려놓고, 이름을 적어보세요.

3. 각자 자기의 열차에 누가 탔는지 나누며 이야기해 보세요.

4. 열차에 오른 우리가 하나님 나라 갈 때까지 하나님을 찬양하며 구원의 소식을 전하며 살기로 결심
해요.

5. 믿음을 고백하며 '나는 구원열차' 찬양을 함께 불러요.

42주차

죄를 버리고 성결해요!

| 오늘의 말씀: 고린도후서 6장 16절~7장 1절

| 오늘의 예배인도자:

월   일   요일

1. 온 가족 찬양

*우리 가정에서 잘 부르는 찬양으로 온 가족이 함께찬양합니다.

♫ 신실하게 진실하게

2. 온 가족 기도

*기도를 준비한 가족이 대표기도합니다.
*어린자녀의 경우, 부모를 따라 한 구절 한 구절 따라 기도합니다.

하나님!/ 사랑과 자비로/ 우리 가족을/ 늘 지켜주셔서/ 감사합니다./ 오늘도 함께 모여/ 예배드릴 때/ 기쁨과 감사와/ 사랑이 넘치는 시간이/ 되게 해 주세요./ 예수님의 이름으로/ 기도드립니다./ 아멘.

3. 온 가족 성경 읽기

*담당한 가족이 오늘의 말씀을 읽습니다.

고린도후서 6장 16절~7장 1절

16 하나님의 성전과 우상들 사이에 서로 일치하는 점이 무엇이 겠습니까? 우리 자신들은 살아 계신 하나님의 성전입니다. 하나님이 말씀하신 대로입니다. "내가 그들 가운데 자리 잡고 살며 그들 가운데서 거닐 것이다. 나는 그들의 하나님이 되고 그들은 나의 백성이 될 것이다."

17 그러므로 "너희는 그들 가운데서 나오라. 따로 떨어져 서라.' 주님이 말씀하신다. 또 '깨끗하지 않은 것에 너희는 손대지 마라. 그러면 나도 너희를 안으로 맞아들일 것이다.'

18 또 '나는 너희에게 아버지가 되고, 너희들은 나에게 아들들과 딸들이 될 것이다.' 주님, 곧 전능하신 분이 말씀하신다."

1 우리에게는 이런 약속들이 있으므로, 사랑하는 여러분, 우리는 육과 영의 온갖 더러움으로부터 스스로를 깨끗하게 합시다. 그리하여 하나님을 두려워하는 가운데 거룩함을 온전히 이룹시다.

(새한글 성경)

아래의 단어를 읽고 어떤 느낌이 드는지 떠올려 보세요. 떠오르는 색깔의 색칠 도구를 선택하여 집 그림을 색칠해요.

준비해요!
크레파스, 색연필

어두움/ 죄/ 거짓말/ 우상/ 미움   빛/ 거룩/ 진실한 말/ 하나님/ 사랑

1. 단어를 생각하고 색깔을 선택할 때 어떤 마음을 떠올렸나요?

예) 왼쪽 집을 색칠할때는 하나님이 싫어하시는 죄, 더러운 것을 떠올리며 검정과 갈색으로 칠했어
요. 영과 육이 더러움을 떠올리며 색을 선택했어요.
오른쪽 집은 깨끗함, 성결을 떠올리며 하늘색과 흰색을 선택해서 칠했어요. 해같이 빛나는 밝은
빛처럼 노란색을 칠했어요.

2. 나의 마음의 집은 지금 어떤 색일까요? 하나님이 어떤 색으로 색칠해 주시기
   를 원하나요?

예) 내 마음은 조금 어두운색 같아요. 하나님이 밝고 환하고 무지개색으로 바꿔 주셨으면 좋겠어요.

1. 내가 색칠한 왼쪽 집(더럽고 무너진 집)을 보면서, 내 마음과 생활 속에서 하나님이 기뻐하시지 않는 더러운 것(죄, 거짓, 미움, 우상)은 무엇이 있을까요?

   예) 거짓말, 화내기, 친구 미워하기, 게임에만 빠져있기 등

2. 하나님께서는 자신을 성결하게 하는 자들을 하나님의 백성, 하나님의 자녀로 삼아주시겠다고 약속하셨어요. 하나님의 약속을 믿고, 우리가 해야 할 일은 무엇일까요?

   예) 우상이나 더러움을 떠나, 나 자신을 깨끗하게 해야 해요.

더러운 것과 깨끗한 것은 단순히 겉모습만을 말하는 것이 아니에요. 그리스도인은 영과 육의 모든 더러움을 버리고, 하나님을 경외하는 마음으로 거룩하고 깨끗하게 살아가야 해요.

하나님이 거하시는 성전으로서 내 마음의 집을 성결하게 하기 위해 내가 버려야 할 것은 무엇인가요?

   예) 죄를 버리겠어요. 욕설과 나쁜 말을 하지 않겠어요. 나쁜 습관을 끊고 바른 행동을 하겠어요.

하나님, 우리는 하나님이 거하시는 성전이에요. 하나님의 자녀로서 죄를 버리고, 성결하고 거룩하게 살기를 원합니다. 죄를 멀리하고 하나님 앞에서 항상 경건하게 살게 해 주세요. 예수님의 이름으로 기도드립니다. 아멘!

tip. 죄의 습관을 버리도록 가족 기도를 함께 드리고, 우리 교회의 모든 성도가 거룩하게 살도록 중보 기도하며, 자녀가 성결하도록 축복 기도를 더하고 기도를 마무리해요.

우리 가족 날마다 말씀따라 **우리 가정은 거룩한 하나님의 성전이에요!**

믿음의 가정 미션　나는 하나님의 거룩한 성전이에요. 우리 가정은 하나님을 믿는 자녀들이 함께 모인 작은 교회, 성전이랍니다. 성결하게 살아가는 우리 가족을 떠올리며 아래의 문구를 따라 써요. 그리고 가족 모두 손을 잡고 함께 기도해요.

나와 우리 가정은
거룩한 하나님의
성전이에요!

이렇게 기도해요!

"우리 가족이 죄를 버릴 수 있는 **용기**를 주세요."

"죄의 길에 빠지지 않게 인도해 주세요."

"**성결**하도록 성령님이 도와주시고 은혜를 주세요."

"우리 모두 하나님이 거하시는
거룩한 성전이 되게 해 주세요."

예수님의 이름으로 기도드립니다. 아멘.

43주차

건강한 우리 가족

| 오늘의 말씀: 다니엘 1장 11~15절
| 오늘의 예배인도자:

🏠 1. 온 가족 찬양

*우리 가정에서 잘 부르는 찬양으로 온 가족이 함께 찬양합니다.

♫ 하나님을 찬양해, 감사해, 자랑해

🏠 2. 온 가족 기도

*기도를 준비한 가족이 대표기도합니다.
*어린자녀의 경우, 부모를 따라 한 구절 한 구절 따라 기도합니다.

사랑이 많으신/ 하나님!/

이번 주간/ 우리 가정이/ 화목한 가정예배를/ 드릴 때/

우리와 함께해 주세요. / 주님의 말씀을/ 깊이 깨닫고/

가족과 함께/ 말씀대로 살아가는/ 기쁨도 누리게 해 주세요. /

예수님의 이름으로/ 기도드립니다. / 아멘.

🏠 3. 온 가족 성경 읽기

*담당한 가족이 오늘의 말씀을 소개합니다.

다니엘 1장 11~15절

11 환관장이 다니엘과 하나냐와 미사엘과 아사랴를 감독하게 한 자에게 다니엘이 말하되

12 청하오니 당신의 종들을 열흘 동안 시험하여 채식을 주어 먹게 하고 물을 주어 마시게 한 후에

13 당신 앞에서 우리의 얼굴과 왕의 음식을 먹는 소년들의 얼굴을 비교하여 보아서 당신이 보는 대로 종들에게 행하소서 하매

14 그가 그들의 말을 따라 열흘 동안 시험하더니

15 열흘 후에 그들의 얼굴이 더욱 아름답고 살이 더욱 윤택하여 왕의 음식을 먹는 다른 소년들보다 더 좋아 보인지라 (개역개정 성경)

준비해요!

포스트 잇, 네임펜

이렇게 해요!

1. 부모는 포스트 잇에 '다니엘 1장 15절' 말씀을 아래와 같이 어절로 나누어 적습
니다.

열흘 후에/그들의/얼굴이/더욱 아름답고/

살이/더욱 윤택하여/왕의 음식을/먹는/

다른 소년들보다/더 좋아/보인지라/

2. 말씀 단어를 적은 포스트 잇을 거실 곳곳에 붙여둡니다.
3. 자녀가 거실에 붙인 포스트 잇을 모아 순서대로 나열하며 말씀을 완성합니다.
4. 순서를 바꾸어 자녀가 거실 곳곳에 말씀이 적힌 포스트 잇을 붙이면, 부모가
찾아 순서대로 나열하여 말씀을 완성합니다.

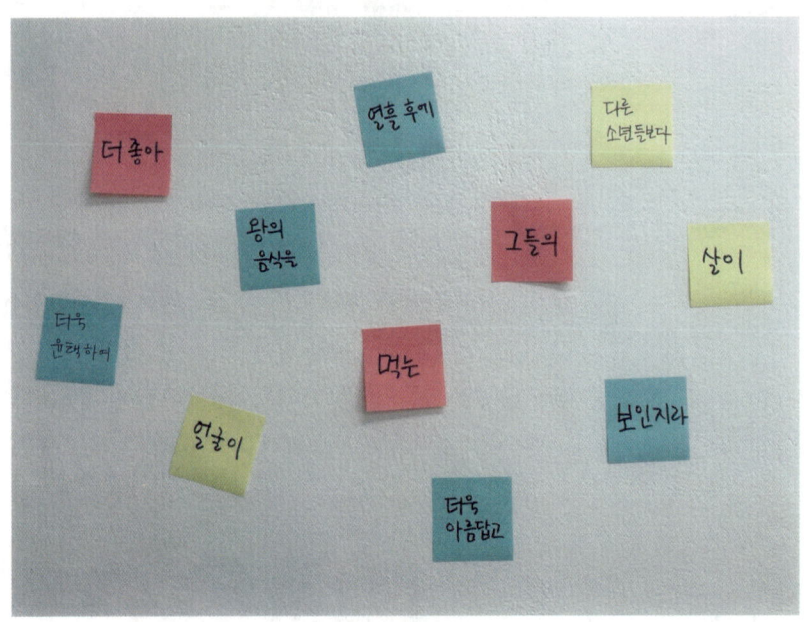

🏠 5. 온 가족 마음
하나 되기

*인도자가 말씀 해설을
나눕니다.

기억해요!

하나님은 우리 가족
의 몸과 마음과 영이
건강하기를 원하세
요. 건강하게 하시는
하나님의 은혜에 감
사하며 건강한 생활
습관을 실천해요.

바벨론에 포로로 잡혀간 다니엘과 세 친구들은 우상에게 바쳐진 음식으로 자신들을 더럽히지 않겠다고 결심했어요. 그래서 환관장에게 왕의 음식과 포도주를 먹지 않겠다고 정중히 말했지요. 하나님께서는 환관장의 마음을 움직이셔서 그들이 열흘 동안 채소와 물만 먹으며 지낼 수 있도록 해 주었어요. 그리고 열흘 뒤, 우상에게 바친 음식을 먹은 다른 소년들보다 얼굴빛이 더 좋고 건강했어요. 모두 하나님께서 지켜주시고 보호해 주셨기 때문이었어요.

하나님은 우리의 몸과 마음과 영이 건강하기를 원하세요. 그래서 우리 가족이 건강하도록 늘 보호하고 지켜주세요. 비록 우리가 질병에 걸려 몸과 마음과 영이 아플 때도, 하나님은 우리를 돌보시며 회복시켜 주시는 분이세요. 우리는 건강을 돌보아 주시는 하나님의 은혜에 감사하며 건강한 생활 습관을 실천해요.

*암송을 반복합니다.

🏠 6. 온 가족 함께
기도하기!

*깨달은 말씀을 생각하
며 함께 기도합니다.

사랑의 하나님, 우리 가족의 몸과 마음과 영이 건강하도록 지켜주시고 보호해 주셔서 감사해요. 가끔 아플 때가 있지만, 그때마다 우리 돌봐주시고, 몸과 마음과 영을 낫게 해 주셔서 감사해요. 우리를 건강하게 하시는 하나님의 은혜를 기억하고, 건강한 생활과 습관을 이어나갈 수 있도록 도와주세요. 예수님의 이름으로 기도드립니다. 아멘.

🏠 7. 주기도문

*함께 주님이 가르쳐주
신 기도를 드립니다.
*활동자료 _ 책갈피를
활용합니다.

우리 가족 날마다 말씀따라 **건강 계획표 만들기**

믿음의 가정 미션 우리 가족에게 건강을 선물로 주신 하나님의 은혜를 기억하며, '우리 가족 건강 계획표'을 만들고 한 주간 실천해 보세요.

준비해요!

건강 계획표(활동자료 243쪽), 건강 쿠폰(활동스티커), 가위, 풀, 필기도구, 칭찬스티커

이렇게 해요!

1. 활동자료 '건강 계획표'를 떼어 준비합니다.

2. 활동스티커 '건강 쿠폰' 중 빈칸에는, 제시된 예시 외에 자신이 실천할 수 있는 것을 적습니다.

3. 우리 가족 각자의 건강 계획표에 '건강 쿠폰'을 붙이면서 한 주 동안 실천할 건강 계획을 정합니다.

4. 한 주 동안 '건강 계획표'대로 실천합니다. 건강한 습관을 실천한 후에는 쿠폰 위에 칭찬스티커를 붙입니다.

tip. 한 주 동안 계획을 잘 지킨 가족에게 칭찬 선물을 주면 더욱 즐겁게 실천할 수 있어요.

예수님이 다시 오신대요

44주차

| 오늘의 말씀: 사도행전 1장 10~11절, 데살로니가전서 4장 16~17절

| 오늘의 예배인도자:

🏠 1. 온 가족 찬양

*우리 가정에서 잘 부르는 찬양으로 온 가족이 함께 찬양합니다.

♬ 하나님의 나팔 소리(찬송가 180장)

🏠 2. 온 가족 기도

*기도를 준비한 가족이 대표 기도합니다.
*어린 자녀의 경우, 부모를 따라 한 구절 한 구절 따라 기도합니다.

사랑이 많으신/ 하나님!/

이번 주간/ 우리 가정이/ 화목한 가정예배를/ 드릴 때/ 우리와 함께해 주세요./

주님의 말씀을/ 깊이 깨닫고/ 하나님의 말씀으로/ 우리 가족이/

하나 되게 해 주세요./ 예수님의 이름으로/ 기도드립니다./ 아멘.

🏠 3. 온 가족 성경 읽기

*담당한 가족이 오늘의 말씀을 읽습니다.

사도행전 1장 10~11절

10 예수님이 올라가시는 동안 그들은 하늘을 뚫어지게 쳐다보고 있었다. 그런데 보라, 두 남자가 그들 곁에 섰다! 흰옷을 입고 있었다.

11 그들이 말도 건넸다. "갈릴래아 사람들이여, 왜 하늘을 뚫어지게 바라보며 서 있나요? 이 예수님, 곧 그대들을 떠나 하늘로 들려 올라가신 분은, 하늘로 가시는 것을 그대들이 지켜본 그대로 오실 것입니다." (새한글)

데살로니가전서 4장 16~17절

16 호령과 우두머리 천사의 소리와 하나님의 나팔이 울려 퍼지는 가운데 주님이 친히 하늘로부터 내려오실 것입니다. 그러면 그리스도 안에서 죽은 사람들이 첫 번째로 살아 일어날 것입니다.

17 그다음에 우리 살아 있는 사람들, 곧 뒤에 남은 사람들이 그들과 더불어 함께 구름에 싸여 확 끌려 올라갈 것입니다. 그래서 공중에서 주님을 만나 뵙게 될 것입니다. 이렇게 하여 우리가 언제나 주님과 함께 있게 될 것입니다. (새한글)

4. 온 가족 성경 체험

*오늘 읽은 성경 말씀의 이야기를 상상하여 활동합니다.

준비해요!

스케치북, 색연필

이렇게 해요!

1. 자녀는 부모가 들려주는 오늘의 말씀을 듣고 '다시 오실 예수님의 모습'을 상상하며 그립니다.

2. 부모는 자녀가 들려주는 오늘의 말씀을 듣고 예수님 곁에 있는 천사의 모습을 상상하며 그립니다.

tip. 글씨를 읽기 어려워하는 자녀인 경우, 부모가 말씀을 한번 더 읽고 활동을 진행합니다.

3. 부모와 자녀는 예수님이 다시 오실 때 어떤 모습(표정)으로 맞이할지를 상상하며 각자 자신의 모습을 그립니다.

제자들은 부활하신 예수님께서 하늘로 올라가시는 것을 바라보고 있었어요. 그 때, 흰옷 입은 두 사람이 나타나 예수님께서 올라가신 모습 그대로 이 땅에 다시 오실 것이라고 말해 주었어요. 제자들은 이 약속을 믿고 믿음을 지키며 살았어요.

그리고 수년이 지나 바울 선생님이 데살로니가 성도들에게 예수님께서 다시 오실 때 일어날 일에 대해 설명했어요. 예수님은 천사장의 큰 외침과 하나님의 나팔 소리와 함께 하늘에서 내려오실 거예요. 그때 믿음을 지키며 살다가 죽은 사람들은 부활하게 될 거예요. 그리고 살아있던 사람들은 부활한 사람들과 함께 구름 속으로 올라가 예수님을 만나게 될 거예요.

예수님은 이 땅에 다
시 오신다고 약속하
셨어요. 예수님이
다시 오시는 날은 믿
는 우리에게는 영광
스러운 날이에요.
참, '부활'이란 말이
'다시 살아난다'라는
말인 건 알지요?

예수님은 반드시 다시 오신다고 약속하셨어요. 그날이 언제인지 알 수 없지만, 예수님께서 다시 오시는 날은 우리에게 기쁘고, 영광스러운 날이에요. 우리 가족은 예수님이 다시 오실 날을 소망하며 기쁘게 기다려요.

1. 예수님이 다시 오실 때, 나는 어떤 모습으로 예수님을 맞이하고 싶나요? 앞서 그린 그림 속 자신의 모습을 가족에게 보여주면서 이야기해요.

예) 예수님 품에 안겨서 그동안 고생했다고 예수님께 쓰담쓰담 칭찬받고 싶어요

2. 예수님이 다시 오실 때까지 우리는 무엇을 하면서 기다릴 수 있을까요?

예) 예수님을 모르는 친구들에게 예수님 이야기를 자주 들려줄 거예요

사랑의 예수님. 오늘 말씀을 통해 다시 오신다는 예수님의 약속을 알게 하시니 감사해요. 우리 가족도 제자들처럼 예수님의 약속을 믿고 믿음을 지키며 살 수 있게 도와주세요. 그래서 예수님께서 다시 오시는 날에 함께 기뻐하며 영광을 누리게 해 주세요. 예수님의 이름으로 기도드립니다. 아멘.

우리 가족 날마다 말씀따라 **오르락~ 내리락~**

믿음의 가정 미션　예수님 인형을 만들어 움직이며 다시 오신다고 약속하신 예수님을 기다려요!

준비해요!

오르락 내리락 조각그림(활동자료 243쪽), 종이 접시 2장(또는 색지), 가위, 풀, 투명 테이프, 나무젓가락(또는 빨대), 꾸미기 스티커

이렇게 해요!

1. 종이 접시 1장을 아래 사진과 같이 1/3정도 잘라내어 땅을 표현합니다. 색지를 원형으로 오려 활용해도 좋아요.

2. 다른 종이 접시 위에 앞서 준비한 종이 접시를 풀로 붙여요.

3. 활동자료 '오르락 내리락'의 예수님 조각그림을 떼어 내고, 나무젓가락(또는 빨대)에 투명 테이프를 이용해 붙여요.

4. 종이 접시로 만든 땅의 가운데 부분에 칼로 홈을 내고, 예수님 인형 막대를 꽂아요.

5. 종이 접시 주변에 활동자료 '오르락 내리락'의 여러 그림 조각을 붙이고, 꾸미기 스티커 등으로 종이 접시를 꾸며요.

6. 예수님 막대를 올리고 내리며 다시 오신다는 예수님의 약속을 기억합니다.

*다음 주 자녀가 인도하는 예배를 위해, 예배 인도할 자녀를 정하여 예배를 준비합니다. 자녀가 어리면 부모가 인도합니다.

다시 태어났어요

| 오늘의 말씀: 요한복음 3장 3~5절

| 오늘의 예배인도자:

🏠 1. 온 가족 찬양

*우리 가정에서 잘 부르는 찬양으로 온 가족이 함께 찬양합니다.

🎵 돈으로도 못 가요

🏠 2. 온 가족 기도

*기도를 준비한 가족이 대표기도합니다.
*어린 자녀의 경우, 부모를 따라 한 구절 한 구절 따라 기도합니다.

사랑이 많으신/ 하나님!/

이번 주간/ 우리 가정이/ 화목한 가정예배를/ 드릴 때/ 우리와 함께해 주세요./

주님의 말씀을/ 깊이 깨닫고/ 가족과 함께/ 말씀을 나누는/

기쁨도 느끼게 해 주세요./ 예수님의 이름으로/ 기도합니다./ 아멘.

🏠 3. 온 가족 성경 읽기

*예배를 인도하는 자녀가 성경 말씀을 읽습니다.

요한복음 3장 3~5절

3 예수님이 그에게 대답하셨다. "아멘 아멘 그대에게 말합니다. 누구든 위로부터 태어나지 않으면 하나님 나라를 볼 수 없습니다."

4 예수님께 니고데모가 말한다. "사람이 나이가 들었는데 어떻게 다시 태어날 수 있습니까? 어머니 뱃속에 또다시 들어갔다가 태어날 수는 없지 않습니까?"

5 예수님이 대답하셨다. "아멘 아멘 그대에게 말합니다. 누구든 물과 성령님으로부터 태어나지 않으면 하나님 나라에 들어갈 수 없습니다.

(새한글 성경)

5. 온 가족 마음 하나 되기

*말씀 해설을 인도자가 낭독하며 본문을 정리합니다.
*자녀 중 고학년의 자녀 혹은 부모가 담당합니다.

기억해요!

우리는 물과 성령으로 다시 태어나야 하나님의 자녀가 되어 하나님 나라에 들어갈 수 있어요!

*자녀 중 담당자가 가족의 마음을 나누도록 인도합니다.

예수님은 밤 중에 찾아온 니고데모에게 물과 성령으로 다시 태어나야 하나님 나라에 들어갈 수 있다고 말씀하셨어요. '물로 다시 태어난다'는 것은 예수님으로 인해 우리의 죄가 씻겨지는 것을 의미해요. '성령으로 다시 태어난다'는 것은 하나님의 영이 마음 속에 들어와 우리가 새롭게 변화되는 것을 의미해요. 물과 성령으로 다시 태어날 때, 우리는 하나님이 주시는 영원한 생명을 받을 수 있어요. 영원한 생명이 내 안에 있을 때, 우리는 비로소 하나님의 자녀가 되어 하나님 나라에 들어갈 수 있어요.

1. 내 안에 사라졌으면 하는 죄가 있나요?

   예) 내 마음대로 하고 싶은 죄, 욕심을 부리는 죄 등

2. 물과 성령으로 다시 태어나면 어떤 좋은 점이 있을까요?

   예) 하나님의 마음을 더 잘 느낄 수 있어요. 말씀 듣는 것이 더 재밌어져요.

6. 온 가족 함께 기도하기!

*깨달은 말씀을 생각하며 함께 기도합니다.

사랑의 하나님. 우리 가정을 사랑하셔서 물과 성령으로 다시 태어나게 하심을 감사합니다. 우리에게 영원한 생명을 주시고, 하나님의 자녀가 되어 하나님 나라에 들어갈 수 있게 해 주시니 감사합니다. 늘 거듭난 하나님의 자녀답게 살아갈 수 있도록 우리를 도와주세요. 예수님의 이름으로 기도드립니다. 아멘.

7. 주기도문

*함께 주님이 가르쳐주신 기도를 드립니다.
*활동자료_ 책갈피를 활용합니다.

우리 가족 날마다 말씀따라 **물과 성령으로!**

믿음의 가정 미션 색종이를 이용해 물과 성령으로 다시 태어난 우리 가족의 모습을 표현해 보세요. 그리고 '요한복음 3장 5절' 말씀을 암송하며 하나님께 감사 고백해요.

준비해요!

A4 용지, 색연필, 색종이, 가위, 풀

이렇게 해요!

1. A4 용지의 1/3 지점을 접은 후 펼쳐요.

2. 2/3 지점에 물과 성령으로 다시 태어난 우리 가족의 모습을 그려요. 각자 자신의 모습을 그려요.

3. 1/3 지점의 점선을 접어 올린 후, 올린 면에 하늘색(파란색) 색종이를 찢어 붙여 물을 표현해요.

4. 빨간색 또는 주황색 색종이를 하트 모양으로 오린 후, 필기도구를 이용해 '성령'이라 적고, 앞서 그린 가족 그림에 붙여요.

5. '물' 부분을 접어 올렸다 내렸다 해 보세요. 우리 가족이 물과 성령으로 다시 태어났음에 감사하며 '요한복음 3장 5절' 말씀을 함께 암송해요.

"예수님이 대답하셨다. "아멘 아멘 그대에게 말합니다. 누구든 물과 성령님으로부터 태어나지 않으면 하나님 나라에 들어갈 수 없습니다.(새한글 성경)"

46주차 하나님의 성품을 닮아가요

| 오늘의 말씀: 베드로후서 1장 3~8절
| 오늘의 예배인도자:

🏠 1. 예배의 부름

하나님은 영이시니 예배하는 자가 영과 진리로 예배할지니라
(요한복음 4장 24절)

🏠 2. 찬송

*제시된 찬양 또는 온 가족이 함께 부를 수 있는 곡을 선택하여 가족이 함께 찬양합니다.

♬ 나 주님의 기쁨 되기 원하네

🏠 3. 사도신경

*사도신경으로 함께 고백합니다.
*활동자료 _ 책갈피를 활용합니다.

🏠 4. 기도

*가족 중 한 명이 준비하여 대표기도 합니다.
*자녀들 기도는 부모가 도와주어 준비하고, 아주 어린 자녀의 경우, 부모가 기도합니다.

사랑이 많으신/ 하나님 아버지!/
이번 주간/ 우리 가정이/ 화목한 가정예배를/ 드릴 때/ 주님 함께해 주세요./
주님의 말씀을/ 깊이 깨닫고/ 말씀을 따라 살아가는/ 가정이 되도록/
인도해 주세요./ 예수님의 이름으로/ 기도드립니다./ 아멘.

베드로후서 1장 3~8절

3 그의 신기한 능력으로 생명과 경건에 속한 모든 것을 우리에
게 주셨으니 이는 자기의 영광과 덕으로써 우리를 부르신 이
를 앎으로 말미암음이라

4 이로써 그 보배롭고 지극히 큰 약속을 우리에게 주사 이 약속
으로 말미암아 너희가 정욕 때문에 세상에서 썩어질 것을 피
하여 신성한 성품에 참여하는 자가 되게 하려 하셨느니라

5 그러므로 너희가 더욱 힘써 너희 믿음에 덕을, 덕에 지식을,

6 지식에 절제를, 절제에 인내를, 인내에 경건을,

7 경건에 형제 우애를, 형제 우애에 사랑을 더하라

8 이런 것이 너희에게 있어 흡족한즉 너희로 우리 주 예수 그리
스도를 알기에 게으르지 않고 열매 없는 자가 되지 않게 하려
니와 (개역개정 성경)

6. 온 가족 말씀

*말씀 해설을 인도자가 낭독합니다.
*인도자는 말씀을 준비하며 깨달은 점과 말씀을 우리 가족에게 적용할 수 있는 질문을 준비하여 가족과 함께 나눠주어도 좋습니다.

베드로는 하나님께서 우리를 하나님의 성품을 닮아가도록 부르셨다고 말해요. 우리가 욕심 때문에 죄와 부패에 빠지는 것이 아니라, 하나님의 성품을 닮아 믿음의 사람답게 살기를 바라신 것이지요. 그렇다면 우리는 하나님을 닮아 어떤 성품을 가져야 할까요? 베드로는 믿음, 덕(선함), 지식, 절제, 인내, 경건, 그리고 사랑이라고 말해요. 우리가 하나님의 성품을 닮아갈 때 예수님에 대해 더욱 깊이 알게 되고, 열매 맺는 삶을 살 수 있어요.

하나님의 성품을 배우고 닮아가려면 어떻게 해야 할까요? 바로 '하나님의 사랑'이 나의 안에 가득하고, 그 사랑에 감사하며 '이웃 사랑'을 실천할 때, 우리는 하나님의 성품을 배우고 닮아갈 수 있어요. 하나님이 기뻐하시는 일을 할 때 하나님의 사랑이 나의 안에 임하세요. 하나님의 말씀에 귀 기울이며 하나님의 말씀대로 살고자 노력할 때 하나님을 더욱 닮아갈 수 있어요. 또한, 주변의 친구와 이웃들도 하나님의 자녀임을 기억하며 내 몸과 같이 대하면 우리는 이웃 사랑을 실천할 수 있어요. 이렇게 하나님 사랑과 이웃 사랑을 실천하며 하나님의 성품을 닮아가는 우리 가족이 되길 소망해요.

기억해요!

성화는 구원받은 성도가 죄에서 벗어나 하나님의 거룩한 성품을 닮아가는 것을 말해요. 구원받은 우리는 날마다 하나님의 성품을 배우고 닮아가기 위해 노력해야 해요.

사랑의 하나님, 하나님의 완전하신 사랑이 우리 가족 안에 가득하길 소망합니다. 그 사랑으로 우리 가족이 하나님을 닮아가길 간절히 원합니다. 하나님을 사랑하며 이웃을 사랑하며 날마다 하나님의 성품을 배우고 닮아가는 아름다운 가족이 되게 해 주세요. 예수님의 이름으로 기도드립니다. 아멘.

우리 가족 날마다 말씀따라 **수요예배** 드리는 복된 우리 가정

믿음의 가정 미션 온 가족 함께 수요예배/금요철야예배를 드리며 '하나님의 성품'과 관련된 단어를 찾아
　　　　　　　　보세요!

　주중 예배에 온 가족이 함께 참석하여, 찬양, 기도, 설교 등 예배 순서 중에 '하나님의 성품'과 관련된
단어를 들을 때마다 노트에 기록합니다.

　예배 후 집으로 돌아가면서 어떤 단어를 발견했는지, 그리고 그 성품을 닮아가기 위해서 나는 무엇을
할 수 있는지를 가족들과 나눠보세요.

깨끗이 나았어요

47주차

| 오늘의 말씀: 열왕기하 5장 10, 14~15절

| 오늘의 예배인도자:

🏠 1. 온 가족 찬양

*우리 가정에서 잘 부르는 찬양으로 온 가족이 함께 찬양합니다.

♫ 낫길 원해요 고쳐주세요

🏠 2. 온 가족 기도

*온 가족이 한 목소리로 기도문을 따라 기도합니다.
*어린 자녀의 경우, 부모를 따라 한 구절 한 구절 따라 기도합니다.

사랑이 많으신/ 하나님!/

이번 주간/ 우리 가정이/ 화목한 가정예배를/ 드릴 때/

우리와 함께해 주세요. / 주님의 말씀을/ 깊이 깨닫고/

가족과 함께/ 말씀을 나누는/ 기쁨도 느끼게 해 주세요. /

예수님의 이름으로/ 기도드립니다. / 아멘.

🏠 3. 온 가족 마음 이야기

*인도자는 한 주간 가족들의 삶을 질문하고, 질문에 따라 삶을 나누도록 인도합니다.
*가족들이 질문을 듣고 생각할 시간을 충분히 주기 위해 인도자가 먼저 자신에게 있었던 일을 나누면 좋습니다.

1. 몸과 마음이 아팠던 적이 있나요? 낫기 위해서 어떻게 했나요?

2. 가족이 아플 때 어떤 마음이 드나요? 아픈 가족을 위해 무엇을 할 수 있을까요?

🏠 **4. 온 가족 성경 읽기**

*오늘 묵상 말씀을 부모/자녀가 번갈아 읽습니다. 마지막 구절은 함께 읽습니다.

🏠 **5. 온 가족 생각 나누기**

*오늘 읽은 성경말씀을 잠시 묵상합니다. 그리고 아래의 질문을 함께 나누어 봅니다.

열왕기하 5장 10, 14~15절

10 엘리사는 그에게 심부름꾼을 보내 말했다. "가서 요르단강에 일곱 번 몸을 씻으세요. 그러면 장군님의 살이 나아서 깨끗해질 겁니다."

14 그래서 나아만은 요르단강으로 내려가 하나님의 사람이 말한 대로 일곱 번 몸을 담갔다. 그러자 그의 살이 나아서 어린아이의 살처럼 되었다. 깨끗해진 것이다.

15 그는 온 군대를 거느리고 하나님의 사람에게 돌아왔다. 와서 그의 앞에 서서 말했다. "아, 이제 알겠습니다. 이스라엘 아닌 그 어느 땅에도 하나님은 없습니다. 이제 선생님의 종인 제가 드리는 선물을 받아 주십시오." (새한글 성경)

1. 오늘 말씀에서 가장 마음에 남은 부분은 무엇인가요? 그 이유는 무엇인가요?

예) 나아만이 깨끗하게 낫게 된 후에, 세상에는 하나님밖에 없다고 고백한 부분. 나아만이 자신을 낫게 해주신 분이 누구인지 깨닫게 되었기 때문에

2. 오늘 말씀에서 가장 중요한 내용은 무엇이라고 생각하나요?

예) 피부가 썩어 문드러지는 병에 걸린 아람 장군 나아만은 이스라엘 소녀의 말을 듣고, 엘리사를 찾아가 그가 시키는 대로 요단강에 몸을 일곱 번 담근 후에 치유받았다. 이 일로 나아만은 참 하나님을 인정했다.

3. 이 말씀을 내 삶에 어떻게 적용할 수 있을까요?

예) 몸과 마음이 아플 때 가족들에게 짜증 내지 않고 하나님께 낫게 해달라고 기도한다.

**6. 온 가족
하나 되기**

*인도자가 말씀 해설 요
약을 읽으며 말씀을 정
리합니다.

기억해요!

하나님께서는 우리
가 건강하길 원하시
며, 아플 때 하나님
께 도움을 구하길 원
하세요.

아람(지금의 시리아)의 군대 장관이었던 나아만은 피부가 썩어 문드러지는 병에
걸렸어요. 이 병은 전염이 잘 되는 병이라 사람들과 가까이 지낼 수도 없었어요. 수
많은 의사를 찾아갔지만, 나아만의 병은 낫지 않았어요. 그러던 중 몸과 마음이 아
픈 나아만은 한 이스라엘 소녀의 말을 듣고 엘리사를 찾아갔어요. 그리고 엘리사
의 말대로 요단강에 일곱 번 몸을 씻자, 놀랍게도 깨끗하고 부드러운 피부로 회복
되었어요. 나아만은 자신을 치유해 주신 하나님을 찬양했답니다.

우리의 아픈 몸과 마음과 영을 치유해 주시는 분은 오직 하나님이세요. 하나님은
우리가 건강하고 온전하기를 원하세요. 그래서 예수님을 통해 우리의 몸과 마음과
영의 아픔을 짊어지게 하셨어요.

우리 또한 믿음으로 하나님께 기도할 때, 하나님께서는 아픈 몸과 마음과 영을 치
유해 주세요. 하나님은 우리가 건강하기를 원하시고 치유하시는 분이시거든요.

*질문을 듣고 각자 결단
한 것을 나누어 봅니다.

1. 말씀을 듣고 내가 결단한 것을 말해보아요.

예) 몸이 아플 때, 하나님께서 의사 선생님을 통해 주신 약을 잘 먹으며 하나님께 기도할게요

**7. 온 가족 함께
기도하기!**

*깨달은 말씀을 생각하
며 함께 기도합니다.

사랑의 하나님, 하나님께서는 우리 가족의 몸과 마음과 영이 아프지 않고 건강하
길 원하심을 알게 되었어요. 우리 가족을 건강하게 지켜주셔서 감사해요. 아플 때
도 있지만, 그때마다 여러 가지 방법을 통해 우리 가족을 돌보시고 회복시켜 주셔
서 감사해요. 우리를 낫게 해 주시는 하나님의 사랑과 은혜를 기억하며 감사하는
우리 가족이 되게 해 주세요. 예수님의 이름으로 기도드립니다. 아멘.

8. 주기도문

*함께 주님이 가르쳐주
신 기도를 드립니다.
*활동자료 _ 책갈피를
활용합니다.

우리 가족 날마다 말씀따라 **밴드&하트 스티커 붙이기**

믿음의 가정 미션　우리 가족의 아픈 부분과 건강한 부분을 찾아보세요. 그리고 밴드 스티커와 하트 스티커를 붙이며, 가족의 건강을 위해 함께 기도해요.

준비해요!

밴드 스티커, 하트 스티커(활동스티커), 필기도구

이렇게 해요!

1. '밴드 스티커'에 '하나님 낫게 해주세요' 글씨와 '하트 스티커'에 '건강하게 해주셔서 감사해요!' 글씨를 따라 적어요.

2. 가족들은 진행 순서를 정하고, 순서가 되면 자신의 아픈 부분과 건강한 부분을 말해요.

3. 나머지 가족들은 아픈 부위에 '밴드 스티커'를 붙이며, "하나님 낫게 해주세요"를 외쳐요. 건강한 부위에 '하트 스티커'를 붙이며 "건강하게 해주셔서 감사해요!"를 외쳐요.

4. 활동이 끝나면 다 함께 손을 잡고 서로를 위해 기도해요.

tip. 활동자료로 제공된 밴드 스티커와 하트 스티커가 부족할 경우, 시중에 판매하는 스티커를 활용해요

하나님 낫게 해주세요

건강하게 해주셔서 감사해요!

*다음 주 '자녀가 인도하는 예배'를 위해, 예배 인도할 자녀를 정하여 예배를 준비합니다. 자녀가 어리면 부모가 인도합니다.

48주차

예수님을 기다리며 준비해요

| 오늘의 말씀: 마태복음 25장 10~13절

| 오늘의 예배인도자:

🏠 **1. 온가족 찬양**

*우리 가정에서 잘 부르는 찬양으로 온 가족이 함께 찬양합니다.

♫ 내 안에 부어주소서

🏠 **2. 온가족 기도**

*기도를 준비한 가족이 대표기도합니다.
*어린자녀의 경우, 부모를 따라 한 구절 한 구절 따라 기도합니다.

사랑이 많으신/ 하나님!/

이번 주간/ 우리 가정이/ 화목한 가정예배를/ 드릴 때/

우리와 함께해 주세요. / 주님의 말씀을/ 깊이 깨닫고/

가족과 함께/ 말씀을 나누는/ 기쁨도 느끼게 해 주세요./

예수님의 이름으로/ 기도합니다./ 아멘.

🏠 **3. 온가족 성경 읽기**

*예배를 인도하는 자녀가 성경 말씀을 읽습니다.

마태복음 25장 10~13절

10 그들이 사러 나간 사이에 신랑이 왔습니다. 준비하고 있던 처녀들은 신랑과 함께 결혼 잔치에 들어갔고, 문은 닫혔습니다.

11 나중에야 다른 처녀들도 와서 말합니다. '주님, 주님, 저희에게 열어 주세요!'

12 그러나 신랑이 대답했습니다. '아멘 그대들에게 말합니다. 나는 그대들을 알지 못합니다.'

13 그러므로 깨어 있으세요! 그날도 그 시간도 그대들은 알지 못하니까요."

(새한글 성경)

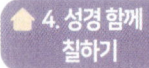
*성경의 이야기를 생각
하며 색칠합니다.

신부를 도와줄 처녀들은 결혼식에 초대받았어요. 당시 유대인들은 결혼식을 밤에 했기 때문에, 불을 밝힐 등잔과 기름이 필요했어요. 슬기로운 다섯 처녀는 등잔에 기름을 가득 채웠지만, 어리석은 다섯 처녀는 등잔에 기름이 얼마나 남았는지 살피지 않았어요. 밤이 늦도록 기다려도 신랑이 오지 않자, 열 처녀들은 꾸벅꾸벅 졸기 시작했어요. 그때 갑자기 신랑이 왔어요! 슬기로운 처녀들은 등잔불을 켜서 신랑을 맞이했지만, 어리석은 처녀들은 그제야 부랴부랴 기름을 사러 갔어요. 슬기로운 처녀들은 신랑과 함께 혼인 잔치에 들어갔지만, 어리석은 처녀들은 들어가지 못한 채 계속 문을 두드렸어요.

부활하신 예수님은 하늘로 다시 올라가시며 제자들에게 다시 오신다고 약속하셨어요. 하지만 그때가 언제인지 알 수 없기에, 늘 준비하면서 기다려야 해요. 예수님을 믿는 우리들은 예수님이 다시 오실 것을 믿고 기다려야 해요. 하나님 나라의 자녀답게 해야 할 것을 하며 기다려야 해요. 그럴 때 우리는 다시 오실 예수님을 반갑게 맞이할 수 있어요.

1. 다시 오실 예수님을 만나면 무슨 말을 하고 싶나요? 또 어떤 기분이 들까요?

　예) 예수님을 만나면 보고 싶었다고 말하면서 예수님께 안길 거예요. 예수님 품은 정말 따뜻해서 기분이 좋을 것 같아요.

2. 예수님이 다시 오실 때까지 나는 무엇을 하면서 기다릴까요? 그 이유는 무엇인가요?

　예) 친구들에게 예수님 이야기를 전하면서 기다릴래요. 왜냐하면 내 친구도 예수님과 반갑게 인사하면 좋으니까요.

사랑의 하나님, 우리 가족도 예수님께서 다시 오실 때 기쁘게 맞이하기를 원해요. 하나님 자녀답게 해야 할 일을 성실히 하면서 다시 오실 예수님을 기다릴 수 있게 도와주세요. 그래서 예수님이 다시 오시는 날에 칭찬받는 우리 가족이 되게 해주세요. 예수님의 이름으로 기도드립니다. 아멘.

우리 가족 날마다 말씀따라 **기름을 준비해요!**

믿음의 가정 미션　우리 가족은 다시 오실 예수님을 기다리며 무엇을 준비할 수 있을까요? 가족과 함께 등잔을 꾸미고, 예수님께서 다시 오실 때까지 내가 할 수 있는 것을 등잔에 적고 한 주 간 실천해요.

준비해요!

색연필, 필기도구, 여러가지 스티커

이렇게 해요!

1. 아래 등불 아래에 자신의 이름을 적어요.

2. 예수님이 다시 오실 때까지 무엇을 하며 기다릴 수 있는지 가족과 이야기를 나눠요.
　　예) 예배에 잘 참석하기, 말씀을 매일 읽기, 부모님과 친구에게 감사하다고 인사하기 등

3. 나눈 이야기 중 한 주간 동안 실천할 수 있는 것을 골라 등잔 주변에 적고, 한 주간 등불에 적은 행 동을 실천할 때마다 등잔에 여러가지 스티커를 붙여요.

<예시>

49주차 예수님을 믿는 우리 가족

| 오늘의 말씀: 사도행전 16장 25~34절

| 오늘의 예배인도자:

🏠 1. 온 가족 찬양

*우리 가정에서 잘 부르는 찬양으로 온 가족이 함께 찬양합니다.

🎵 행복한 가정

🏠 2. 온 가족 기도

*기도를 준비한 가족이 대표기도합니다.
*어린 자녀의 경우, 부모를 따라 한 구절 한 구절 따라 기도합니다.

사랑이 많으신/ 하나님!/
이번 주간/ 우리 가정이/ 화목한 가정예배를/ 드릴 때/
우리와 함께해 주세요. / 주님의 말씀을/ 깊이 깨닫고/
하나님의 말씀으로/ 우리 가족이/ 하나 되게 해 주세요./
예수님의 이름으로/ 기도합니다. / 아멘.

🏠 3. 온 가족 성경 읽기

*담당한 가족이 오늘의 말씀을 읽습니다.

사도행전 16장 25~34절

25 한밤중쯤 되어 바울과 실라가 기도를 드리며 하나님을 찬송하여 기리고 있었다. 죄수들이 귀 기울여 듣고 있었다. 26 그런데 갑자기 큰 지진이 일어났고 감옥 터가 흔들렸다. 곧장 모든 감옥 문들이 열렸고, 모든 죄수들한테서 묶어 둔 사슬이 풀어졌다. 27 감옥지기가 잠에서 깨어나 감옥 문들이 열려 있는 것을 보고, 칼을 뽑아 막 자결하려고 하고 있었다. 죄수들이 달아나 버렸다고 생각해서였다. 28 바울이 크게 소리 질러 말했다. "스스로에게 아무런 해도 입히지 마세요! 우리가 모두 여기 있으니까요!" 29 그러자 그가 횃불을 달라고 해서 감옥 안으로 뛰어 들어왔다. 그는 떨면서 바울과 실라 앞에 꿇어 엎드렸다. 30 그러고 나서 바울과 실라를 밖으로 데리고 나와서 말했다. "선생님들, 제가 무엇을 해야 구원받겠습니까?" 31 바울과 실라가 대답했다. "주 예수님을 믿으십시오. 그러면 그대와 그대의 집이 구원받을 것입니다." 32 바울과 실라가 그에게 주님의 말씀을 전했다. 그의 집에 있는 사람들도 모두 같이 들었다. 33 그는 그날 밤 그 시간에 바울과 실라를 모셔 가서, 맞은 상처를 씻어 주었다. 그리고 그와 그의 식구들 모두가 곧장 세례를 받았다. 34 또 그가 바울과 실라를 집 안으로 모셔 가서 밥상을 차려 드렸다. 그는 온 집안사람과 더불어 하나님을 믿게 되어서 기뻐 뛰었다. 믿게 된 것을 온 가족과 함께 기뻐하였다. (새한글 성경)

준비해요!

색연필

이렇게 해요!

1. 자녀는 오늘 들은 말씀을 떠올리며 아래 그림의 장면을 설명합니다.

2. 부모는 그림에서 비어 있는 간수와 가족의 표정을 상상하여 그려 넣습니다.

3. 자녀는 부모가 그린 간수의 표정을 따라하며, 어떤 생각이나 느낌이 들었는지 이야기합니다.

🏠 5. 온 가족 마음 하나 되기

*오늘의 말씀을 요약하여 들은 후, 질문에 답해 봅니다.

기억해요!

하나님께서는 우리들이 하나님만 섬기며 예수님을 믿는 가정이 되기를 원하세요.

복음을 전하다가 감옥에 갇혔어도 바울과 실라는 예수님을 찬양했어요. 한밤중에 큰 지진이 일어나 감옥문이 열려 모든 죄수가 도망해도, 이들은 도망가지 않았어요. 감옥을 지키던 간수는 죄수들이 도망쳤을 것이라는 생각에 스스로 죽으려 했지만 바울과 실라가 말렸고, 이들은 간수에게 복음을 전했지요. 이 사건으로 간수뿐 아니라 간수의 가족들까지도 예수님을 믿고 구원을 받게 되었어요.

하나님의 관심은 사람들이 복음을 듣고 구원을 받는 것에 있어요. 단지 간수 한 사람만 복음을 듣고 기뻐한 것이 아니라, 간수를 통해 가족 모두가 복음을 듣고 구원받길 원하세요. 이처럼 하나님께서는 우리들이 하나님만 섬기며 예수님을 믿는 가정이 되길 원하세요.

1. 간수는 바울과 실라의 어떤 모습을 보고 예수님을 믿겠다고 다짐했을까요?

예) 지진이 나서 감옥 문이 열렸는데도 도망가지 않고 오히려 간수를 위로하는 모습을 보고

2. 예수님을 믿는 가정은 어떤 모습일까요? 또 믿음을 잃지 않기 위해 무엇을 해야 할까요?

예) 예수님을 믿는 가정은 좋은 말로 응원해 줘요. 믿음을 잃지 않기 위해서는 서로 하나님 이야기를 많이 나누어야 해요.

🏠 6. 온 가족 함께 기도하기!

*깨달은 말씀을 생각하며 함께 기도합니다.

사랑의 하나님, 우리 가족에게 믿음의 선물을 주셔서 감사합니다. 이를 소중하게 여기고 하나님이 기뻐하시는 믿음의 가정이 될 수 있게 도와주세요. 날마다 하나님의 말씀을 늘 기억하며 하나님의 말씀대로 행동하는 가족이 되게 해 주세요. 예수님의 이름으로 기도드립니다. 아멘.

🏠 7. 주기도문

*함께 주님이 가르쳐주신 기도를 드립니다.
*활동자료 _ 책갈피를 활용합니다.

우리 가족 날마다 말씀따라 **믿음의 가정 병뚜껑 게임**

[믿음의 가정 미션] 우리 가족이 믿음의 가정이 되기 위해 버려야 할 것은 무엇인가요? 가족과 함께 재미있는 놀이를 하며 믿음의 가정이 되길 기도해요.

준비해요!

플라스틱 병뚜껑 10개, 네임펜, 책상(식탁)

이렇게 해요!

1. 병뚜껑에 가족의 이름을 각각 적어요.

2. 이름이 적힌 병뚜껑을 제외한 나머지 병뚜껑에는 우리 가족이 믿음의 가정이 되기 위해 버려야 할 것을 적어요. 예) 욕심, 게으름, 핑계, 미움, 질투 등

3. 식탁 위에 병뚜껑을 자유롭게 올려놓아요.

4. "예수님을 믿으시오!"라고 외치며 자신의 이름이 적힌 병뚜껑 튕겨 2의 병뚜껑(욕심, 미움, 질투 등)을 책상 밖으로 밀어내요.

5. 병뚜껑이 책상 밖으로 다 떨어질 때까지 가족들이 돌아가며 게임을 진행해요. 병뚜껑이 다 떨어지게 되면, 모든 가족이 사도행전 16장 31절 말씀을 외쳐요.
   "주 예수님을 믿으십시오. 그러면 그대와 그대의 집이 구원받을 것입니다."

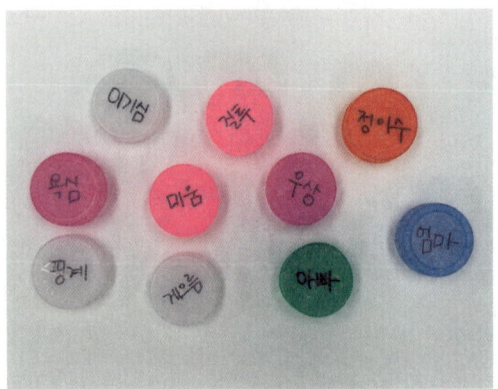

50주차

예수님은 누구이신가요?

| 오늘의 말씀: 누가복음 4장 16~21절
| 오늘의 예배인도자:

🏠 1. 예배의 부름

하나님은 영이시니 예배하는 자가 영과 진리로 예배할지니라

(요한복음 4장 24절)

🏠 2. 찬송

*제시된 찬양 또는 온 가족이 함께 부를 수 있는 곡을 선택하여 가족이 함께 찬양합니다.

♬ 예수님은 누구신가 (찬송가 96장)

🏠 3. 사도신경

*사도신경으로 함께 고백합니다.
*활동자료 _ 책갈피를 활용합니다.

🏠 4. 기도

*가족 중 한 명이 준비하여 대표 기도합니다.
*자녀들 기도는 부모가 도와주어 준비하고, 아주 어린 자녀의 경우, 부모가 기도합니다.

사랑이 많으신/ 하나님 아버지!/

이번 주간/ 우리 가정이/ 화목한 가정예배를/ 드릴 때/ 주님 함께해 주세요./

주님의 말씀을/ 깊이 깨닫고./ 말씀을 따라 사는/ 가정이 되도록/ 인도해 주세요./

예수님의 이름으로/ 기도드립니다./ 아멘.

누가복음 4장 16~21절

16 예수께서 그 자라나신 곳 나사렛에 이르사 안식일에 늘 하시
던 대로 회당에 들어가사 성경을 읽으려고 서시매

17 선지자 이사야의 글을 드리거늘 책을 펴서 이렇게 기록된 데
를 찾으시니 곧

18 주의 성령이 내게 임하셨으니 이는 가난한 자에게 복음을 전
하게 하시려고 내게 기름을 부으시고 나를 보내사 포로 된 자
에게 자유를, 눈 먼 자에게 다시 보게 함을 전파하며 눌린 자
를 자유롭게 하고

19 주의 은혜의 해를 전파하게 하려 하심이라 하였더라

20 책을 덮어 그 맡은 자에게 주시고 앉으시니 회당에 있는 자
들이 다 주목하여 보더라

21 이에 예수께서 그들에게 말씀하시되 이 글이 오늘 너희 귀에
응하였느니라 하시니 (개역개정 성경)

6. 온 가족 말씀

*말씀 해설을 인도자가
낭독합니다.
*인도자는 말씀을 준비
하며 깨달은 점과 말씀
을 우리 가족에게 적용
할 수 있는 질문을 준비
하여 가족과 함께 나눠
주어도 좋습니다.

기억해요!

하나님께서는 우리
를 자유롭게 하시기
위해 약속대로 예수
님을 이 땅에 보내셨
어요. 예수님이 이
루신 구원의 은혜를
기억하며 감사해요

예수님께서는 회당에서 이사야 선지자의 말씀을 읽어주셨어요. 그리고 그 예언의 주인공이 바로 자신이며, 그 말씀이 지금 예수님 안에서 이루어졌다고 선포하셨어요.

이사야에 의하면, 예수님에게 하나님의 영과 능력이 기름 붓듯 부어져서 가난한 사람들에게 복음을 전하신대요. 예수님은 죄로 인해 몸과 마음과 영이 얽매인 사람들을 자유롭게 하시려고 오신 분이세요. 또 욕심과 재물에 눈이 어두워서 하나님을 제대로 보지 못하는 사람들의 눈을 열어 주시고, 하나님을 볼 수 있게 하려고 오신 분이세요. 또 몸과 마음과 영이 상한 사람들을 자유롭게 하시며 하나님 은혜의 해를 선포하기 위해 오신 분이세요.

만약 예수님이 오시지 않으셨다면, 우리는 하나님과 단절되어 아프고 속박된 모습으로 살았을지도 몰라요. 하나님께서는 우리가 죄로 인해 어그러진 모습을 안타까워하셨어요. 그래서 우리를 원래대로 회복시키기 위해 하나님의 아들이신 예수님을 이 땅에 보내셨어요. 이 일은 갑자기 이루어진 일이 아니에요. 하나님은 아주 오래 전 우리에게 죄가 들어온 순간부터 예수님을 보내기로 하시고 그때를 기다리셨어요(창 3:15). 그리고 약속대로 예수님은 우리를 구원하시기 위해 이 땅에 오셨어요. 예수님은 우리를 향한 하나님 사랑의 완성이에요. 우리를 위해 이 땅에 오신 예수님께 감사하는 가족이 되어요.

7. 함께 기도

*깨달은 말씀을 생각하
며 함께 기도합니다.

사랑의 하나님, 우리의 죄로 인해 하나님과 단절되어 아프고 자유를 잃었던 모습으로 살았던 우리들에게 예수님을 구원자로 보내주셔서 감사합니다. 예수님으로 인해 우리는 자유를 얻고, 눈을 떠 하나님을 볼 수 있게 되었어요. 하나님의 자녀 된 은혜를 누릴 수 있게 되었어요. 우리 가족을 위해 이 땅에 오신 예수님을 찬양합니다. 구원의 은혜를 늘 기억하며 감사하는 우리 가족이 되길 원합니다. 예수님의 이름으로 기도드립니다. 아멘

8. 주기도문

*함께 주님이 가르쳐주
신 기도를 드립니다.
*활동자료 _ 책갈피를
활용합니다.

50주차   월   일   요일

우리 가족 날마다 말씀따라 **수예배 드리는 복된 우리 가정**

믿음의 가정 미션 온 가족 함께 수요예배/금요철야예배를 드리며 '예수님'과 관련된 단어를 찾아보세요!

주중 예배에 온 가족이 참석하여, 찬양, 기도, 설교 등 예배의 순서 중에 '예수님'과 관련된 단어를 들을 때마다 노트에 기록합니다.

예) 구원자, 그리스도, 하나님의 아들, 복음, 자유, 회복, 고치심, 믿음, 사랑, 소망, 빛, 생명, 주일, 성령님, 은혜, 십자가 등

예배 후 집으로 돌아가면서 어떤 단어를 발견했는지 함께 이야기를 나눕니다.

예수님의 복음을 전해요

| 오늘의 말씀: 사도행전 8장 29~35절
| 오늘의 예배인도자:

월 일 요일

1. 온 가족 찬양

*우리 가정에서 잘 부르는 찬양으로 온 가족이 함께 찬양합니다.

♫ 복음 들고 산을(주 다스리네)

2. 온 가족 기도

*기도를 준비한 가족이 대표기도합니다.
*어린 자녀의 경우, 부모를 따라 한 구절 한 구절 따라 기도합니다.

사랑이 많으신/ 하나님!/

이번 주간/ 우리 가정이/ 화목한 가정예배를/ 드릴 때/ 우리와 함께해 주세요./ 주님의 말씀을/ 깊이 깨닫고/ 가족과 함께/ 말씀대로 행하는/ 기쁨도 느끼게/ 해 주세요./ 예수님의 이름으로/ 기도합니다./ 아멘.

3. 온 가족 성경 읽기

*담당한 가족이 오늘의 말씀을 소개합니다.

사도행전 8장 29~35절

29 성령이 빌립더러 이르시되 이 수레로 가까이 나아가라 하시거늘
30 빌립이 달려가서 선지자 이사야의 글 읽는 것을 듣고 말하되 읽는 것을 깨닫느냐
31 대답하되 지도해 주는 사람이 없으니 어찌 깨달을 수 있느냐 하고 빌립을 청하여 수레에 올라 같이 앉으라 하니라
32 읽는 성경 구절은 이것이니 일렀으되 그가 도살자에게로 가는 양과 같이 끌려갔고 털 깎는 자 앞에 있는 어린 양이 조용함과 같이 그의 입을 열지 아니하였도다
33 그가 굴욕을 당했을 때 공정한 재판도 받지 못하였으니 누가 그의 세대를 말하리요 그의 생명이 땅에서 빼앗김이로다 하였거늘
34 그 내시가 빌립에게 말하되 청컨대 내가 묻노니 선지자가 이 말한 것이 누구를 가리킴이냐 자기를 가리킴이냐 타인을 가리킴이냐
35 빌립이 입을 열어 이 글에서 시작하여 예수를 가르쳐 복음을 전하니 (개역개정 성경)

부모와 자녀가 각각 '나레이션', '성령님', '이사야', '빌립 집사', '에티오피아 내시'
역할을 맡아 말씀을 암송해 봅니다.

나레이션 : 성령이 빌립더러 이르시되

성령님 : 이 수레로 가까이 나아가라 하시거늘

나레이션 : 빌립이 달려가서 선지자 이사야의 글 읽는 것을 듣고 말하되

빌립 집사 : 읽는 것을 깨닫느냐

에티오피아 내시 : 지도해 주는 사람이 없으니 어찌 깨달을 수 있느냐 수레에 올
라 같이 앉으라

나레이션 : 읽는 성경 구절은 이것이니 일렀으되

이사야 : 그가 도살자에게로 가는 양과 같이 끌려갔고 털 깎는 자 앞에 있는 어린
양이 조용함과 같이 그의 입을 열지 아니하였도다
그가 굴욕을 당했을 때 공정한 재판도 받지 못하였으니 누가 그의 세대
를 말하리요 그의 생명이 땅에서 빼앗김이로다

에티오피아 내시 : 청컨대 내가 묻노니 선지자가 이 말한 것이 누구를 가리킴이
냐 자기를 가리킴이냐 타인을 가리킴이냐

빌립 : 빌립이 입을 열어 이 글에서 시작하여 예수를 가르쳐 복음을 전하니

5. 온 가족 마음 하나 되기

*인도자가 말씀 해설을 나눕니다.

기억해요!

하나님께서는 모든 사람들이 복음을 듣고 구원받기를 원하세요. 우리는 우리를 구원하신 예수님을 이웃에게 전해야 해요.

빌립 집사는 성령님의 인도하심에 순종하여 광야에 갔어요. 그리고 그곳에서 빌립은 에티오피아로 돌아가던 내시를 만나게 되었어요. 내시는 이사야 선지자의 글을 읽고 있었는데, 이사야가 말하는 '그'가 누군지 알지 못해 고민하고 있었어요. 빌립 집사는 '그' 분이 바로 '예수님'이시며, 우리의 모든 죄를 대신해 십자가에 달려 죽으시고, 다시 살아나신 예수님을 믿으면 구원을 받을 수 있다고 가르쳐 주었어요. 복음을 듣게 된 내시는 곧바로 예수님을 믿고 세례를 받았어요.

하나님께서는 모든 사람이 복음을 듣고 구원받기를 원하세요. 우리가 전해야 할 복음은 바로 '예수님에 대한 이야기'예요. 예수님은 우리를 위해 십자가에 달리심으로 하나님과 우리 사이를 가로막고 있던 죄를 없애주셨어요. 그리고 우리가 하나님과 가까워질 수 있도록 해주셨어요. 이것을 믿을 때 우리는 하나님의 자녀로 구원받을 수 있어요. 그러므로 우리 가족도 이웃들에게 예수님 이야기를 전하며 복음을 전하는 전도자로 살아가야 해요.

*나레이션, 성령님, 빌립 집사, 에티오피아 내시 역할을 바꾸어 말씀을 암송을 반복합니다.

6. 온 가족 함께 기도하기!

*깨달은 말씀을 생각하며 함께 기도합니다.

사랑이 많으신 하나님. 성령님의 인도하심에 순종하여 복음을 전했던 빌립 집사처럼 우리들도 예수님을 이웃에게 전하는 전도자로 살아갈 수 있게 도와주세요. 이웃을 위해 기도하고 복음을 전하는 모든 과정 동안 우리와 함께해 주세요. 복음을 전할 때 하나님의 사랑을 더 많이 느끼는 우리 가족이 되게해 주세요. 예수님의 이름으로 기도드립니다. 아멘.

7. 주기도문

*함께 주님이 가르쳐주신 기도를 드립니다.
*활동자료 _ 책갈피를 활용합니다.

우리 가족 날마다 말씀따라 **복음 주머니 만들기**

믿음의 가정 미션 　우리 가족도 빌립 집사처럼 복음을 전해요.
복음을 전할 이웃을 함께 생각하고, 이웃에게 전할 '복음 주머니'를 준비해요.

준비해요!

간식, 간식 주머니, 카드, 필기도구

이렇게 해요!

1. 우리 가족이 함께 복음을 전할 이웃을 의논하여 정해요.

2. 이웃에게 드릴 간식과 간식을 넣을 주머니, 그리고 복음 메시지를 적을 카드를 준비해요. 가족이 함께 전도한다는 의미를 강조하기 위해 가족이 함께 준비할 수 있도록 하면 좋아요. 이때 간식은 거창한 것으로 준비하지 않아도 돼요. 마음을 다해 기도하며 준비한 간식이면 좋아요.

3. 카드에 이웃에게 전하고 싶은 메시지를 적고 간식과 함께 주머니에 넣고 포장해요.

4. 복음을 전할 이웃을 위해 가족이 함께 기도해요.

믿음으로 오래 참아요

| 오늘의 말씀: 욥기 1장 20~22절

| 오늘의 예배인도자:

1. 온 가족 찬양

*우리 가정에서 잘 부르는 찬양으로 온 가족이 함께 찬양합니다.

♫ 슬픈 마음 있는 사람(찬송가 91장)

2. 온 가족 기도

*온 가족이 한 목소리로 기도문을 따라 기도합니다.
*어린 자녀의 경우, 부모를 따라 한 구절 한 구절 따라 기도합니다.

사랑이 많으신/ 하나님!/

이번 주간/ 우리 가정이/ 화목한 가정예배를/ 드릴 때/ 우리와 함께해 주세요./

주님의 말씀을/ 깊이 깨닫고/ 가족과 함께/ 말씀을 나누는/

기쁨도 느끼게 해 주세요./ 예수님의 이름으로/ 기도드립니다./ 아멘.

3. 온 가족 마음 이야기

*인도자는 한 주간 가족들의 삶을 질문하고, 질문에 따라 삶을 나누도록 인도합니다.
*가족들이 질문을 듣고 생각할 시간을 충분히 주기 위해 인도자가 먼저 자신에게 있었던 일을 나누면 좋습니다.

1. 나는 무엇을 잘 참고 인내할 수 있나요? 내가 잘 참고 인내할 수 있는 비결이 있나요?

2. 나는 무엇을 잘 참지 못하고 인내하지 못하나요? 내가 잘 참지 못하고 인내하지 못하는 이유는 무엇인가요?

4. 온 가족 성경 읽기

*오늘 묵상 본문을 부모/자녀가 번갈아 읽습니다. 마지막 구절은 함께 읽습니다.

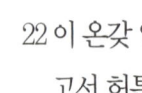

욥기 1장 20~22절

20 욥이 일어나 자기 겉옷을 잡아 찢었다. 머리도 깎았다. 그러고 나서는 땅에 엎드려 예배했다.

21 욥이 말했다. "제가 알몸으로 어머니 배에서 나왔다가 알몸으로 그리로 돌아갈 것입니다. 여호와께서 주셨다가 여호와께서 거두어 가시는 것입니다. 여호와의 이름이 찬양받으시기를!"

22 이 온갖 일을 겪고서도 욥은 죄를 짓지 않았다. 하나님을 두고서 허튼소리도 하지 않았다

(새한글 성경)

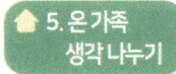

5. 온 가족 생각 나누기

*오늘 읽은 성경말씀을 잠시 묵상합니다. 그리고 아래의 질문을 함께 나누어 봅니다.

1. 성경 이야기에서 가장 마음에 남은 부분은 무엇인가요? 그 이유는 무엇인가요?

예) 욥이 힘든 일을 겪고서도 하나님을 원망하지 않은 것/힘든 일이 생기면 왜 나에게 이런 일이 생기지? 하면서 불평불만이 가득했는데, 욥은 그렇지 않았다.

2. 오늘의 말씀에서 중요한 내용은 무엇이라고 생각하나요?

예) 의로운 욥은 가족과 재산, 건강까지 잃었어도 하나님을 원망하지 않았어요. 욥은 자신의 아픔을 알고 계시는 하나님을 굳게 믿으며 오래 참았어요. 하나님은 욥의 몸과 마음의 어려움을 회복시켜 주셨어요.

3. 오늘의 말씀을 나의 생활에 어떻게 적용할 수 있을까요?

예) 몸과 마음이 어려울 때 하나님을 떠올리며 도와달라고 기도해요. 가족들에게 짜증 내지 않아요.

6. 온 가족 하나되기

*인도자가 말씀 해설 요약을 읽으며 말씀을 정리합니다.

기억해요!

하나님이 우리 옆에 계심을 굳게 믿을 때, 우리는 어려움 중에도 오래참을 수 있어요!

하나님께 의로운 자라 칭찬받던 욥은 큰 어려움을 겪게 되었어요. 가족과 재산을 모두 잃고, 건강은 크게 나빠졌지요. 그런데도 욥은 하나님을 원망하지 않았어요. 오히려 자신의 아픔을 알고 계시는 하나님을 굳게 믿으며 오래 참았어요. 하나님은 그런 욥을 칭찬하시며 몸과 마음의 어려움을 회복시켜 주셨어요.

우리도 때때로 이유를 알 수 없는 어려움을 겪을 때가 있어요. 몸도 마음도 영혼도 아프지요. 혼자 있는 것 같은 기분이 들 때도 있어요. 그러나 우리가 어려움을 겪을 때에도 하나님은 늘 우리와 함께 계세요. 아파하는 욥을 하나님께서 늘 지켜 주셨던 것처럼요. 우리도 하나님이 늘 함께 계심을 굳게 믿을 때 어려움 속에서도 오래 참을 수 있어요.

*질문을 듣고 각자 결단한 것을 나누어 봅니다.

1. 말씀을 듣고 내가 결단한 것을 말해보아요.

예) 힘든 일이 생겼을 때, 가족들에게 짜증 내지 않게 해달라고 하나님께 기도하겠습니다.

7. 온 가족 함께 기도하기!

*깨달은 말씀을 생각하며 함께 기도합니다.

사랑이 많으신 하나님. 우리가 어려운 일을 겪을 때, 나도 모르게 가족들에게 짜증을 내고 상처를 준 적이 많습니다. 가족들을 아프게 했던 모습을 용서해 주세요. 우리 가족도 욥처럼 언제나 함께 하시는 하나님을 굳게 믿는 믿음을 주세요. 우리 가족의 믿음이 커져서 어려운 중에도 오래 참으며, 하나님께 의인이라 칭찬받는 가정이 되게해 주세요. 예수님의 이름으로 기도드립니다. 아멘

8. 주기도문

*함께 주님이 가르쳐주신 기도를 드립니다.
*활동자료_책갈피를 활용합니다.

우리 가족 날마다 말씀따라 **믿음 파워, 얍! 얍!**

믿음의 가정 미션 우리 가족에게 어려운 일이 있을 때, 오래 참을 수 있도록 가족들이 믿음 파워를 충전
해 줍시다. 얍! 얍!

준비해요!

8절 도화지(또는 스케치북), 포스트 잇, 색연필, 필기도구

이렇게 해요!

1. 가족은 각각 한 주 동안 어려웠던 일을 떠올려요.

2. 색연필로 도화지에 하트를 그리고, 그 안에 자신의 이름과 1에서 떠올린 경험을 간단하게 적어요.

3. 나머지 가족들은 포스트 잇에 간단한 기도문을 적어 2의 하트 주변에 붙여요.

4. 자신에게 붙은 가족의 기도문을 읽어요. 기도문을 읽은 후, 나머지 가족은 주인공을 안아주며 "예
   수님의 이름으로 기도드립니다. 아멘."이라고 말하며 기도를 마쳐요.

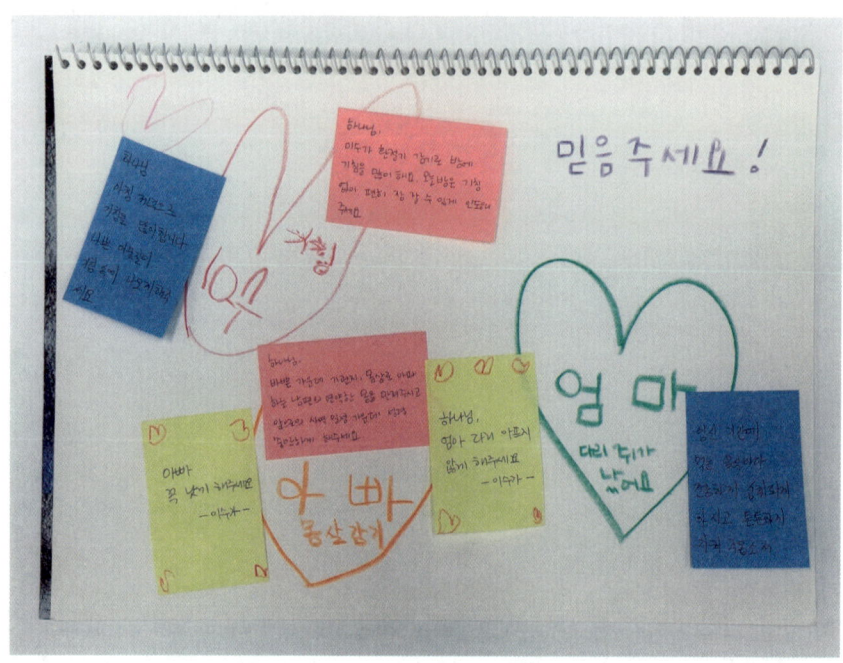

활동자료

오늘(이번 주)
(   )
일이 있었지만

나를 사랑하는
하나님!

오늘(이번 주)
힘든 일이 있었지만

내가 기쁨, 슬픔, 기쁨까지
하나님께 맡기며

오늘(이번 주)
화가 나는 일이
있었지만

하나님께 맡기며
사랑합니다

순종의길

출발 START

"순종은 제사보다 낫다" 외치기

가족 한 명 안아주기

순종하지 못한 일 말하기

얼음! 게임 한번 멈추기

"부모님 말씀에 순종할게요" 외치기

Jump 두 칸 앞으로!

왼쪽 사람과 하이파이브 인사하기

"하나님 말씀 그대로 순종할게요" 외치기

Jump 세 칸 앞으로!

'순종' 2행시 짓기

순종했던 일 말하기

코끼리 코 5회 돌기

'순종' 구호 외치며 팔 뻗어 뛰기 5회 하기

오른쪽 사람의 장점 말하기

얼음! 게임 한번 멈추기

도착 Goal

너는 마음을 다하고 뜻을 다하고 힘을 다하여 네 하나님 여호와를 사랑하라

신명기 6장 5절(개역개정)

미움을 받아도

여호와께

거짓 입술은

진실하게

그의 기뻐하심을

행하는 자는

받느니라

잠언 12장 22절

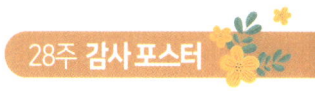

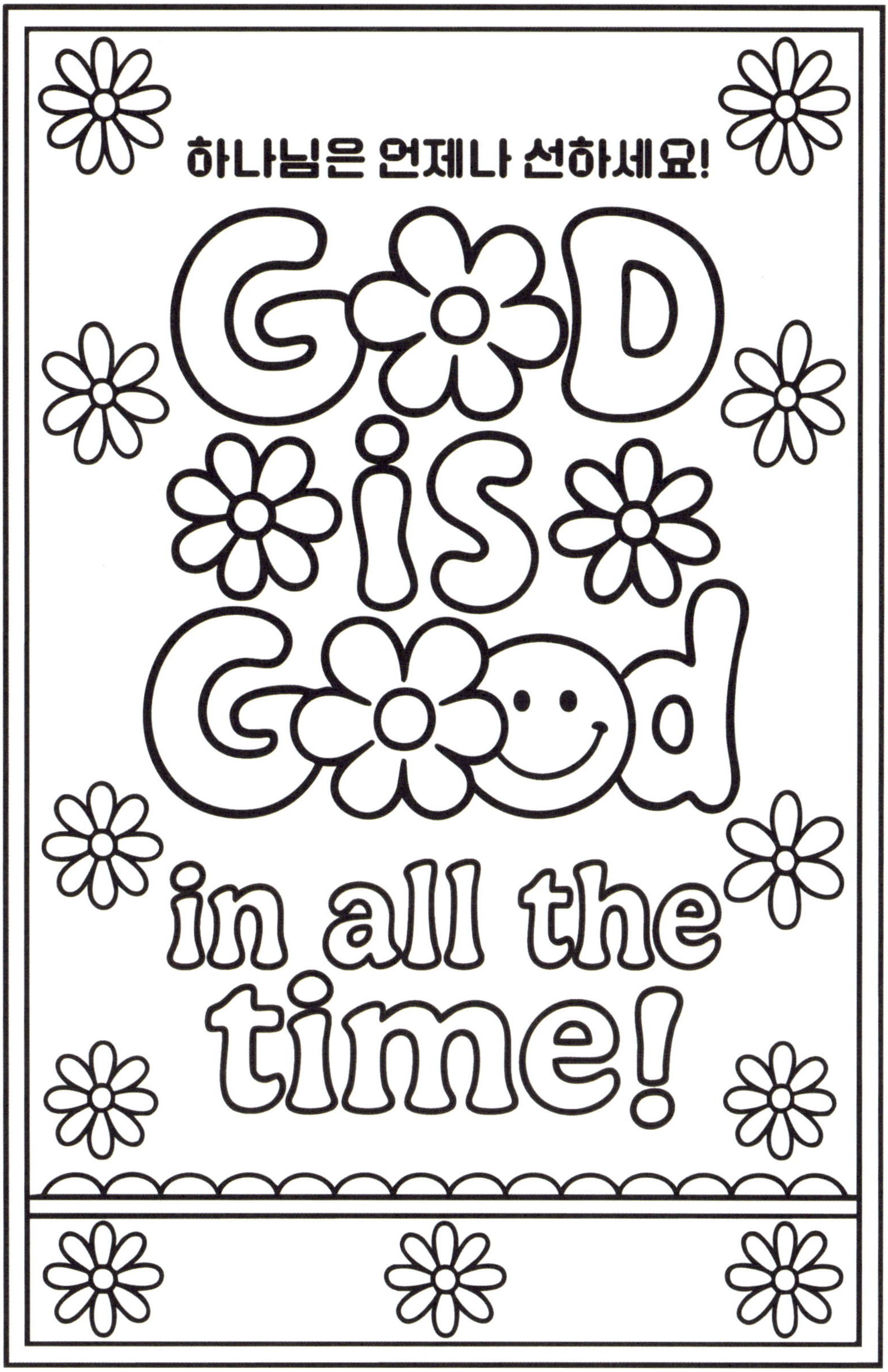
하나님은 언제나 선하세요!
GOD IS GOOD
in all the time!

축복카드

주님께서 _____에게 복을 주시고,

_____를 지켜 주시며,

주님께서 _____을 밝은 얼굴로 대하시고,

_____에게 은혜를 베푸시며,

주님께서 _____를 고이 보시어서,

평화를 주시기를 빕니다.

민수기 6장 24~26절 말씀 아멘.

The Blessing Card

The Lord bless _____ and keep _____;

the Lord make his face shine upon _____

and be gracious to _____;

the Lord turn his face toward _____

and give _____ peace!

(Numbers 6:24~26)

믿음과 행함은 나누어지지 않아요.

행함은

믿음의 실천!

건강계획표

주일	월	화	수	목	금	토

사도신경

나는 전능하신 아버지 하나님,
천지의 창조주를 믿습니다.
나는 그의 유일하신 아들,
우리 주 예수 그리스도를 믿습니다.
그는 성령으로 잉태되어
동정녀 마리아에게서 나시고,
본디오 빌라도에게 고난을 받아
십자가에 못 박혀 죽으시고,
장사된 지 사흘 만에
죽은 자 가운데서 다시 살아나셨으며,
하늘에 오르시어
전능하신 아버지 하나님 우편에 앉아 계시다가,
거기로부터 살아있는 자와
죽은 자를 심판하러 오십니다.
나는 성령을 믿으며,
거룩한 공교회와 성도의 교제와
죄를 용서받는 것과
몸의 부활과 영생을 믿습니다.
아멘.

주기도문
The Lord's Prayer

하늘에 계신 우리 아버지,
아버지의 이름을 거룩하게 하시며
아버지의 나라가 오게 하시며,
아버지의 뜻이 하늘에서와 같이
땅에서도 이루어지게 하소서.
오늘 우리에게 일용할 양식을 주시고,
우리가 우리에게 잘못한 사람을
용서하여 준 것 같이
우리 죄를 용서하여 주시고,
우리를 시험에 빠지지 않게 하시고,
악에서 구하소서.
나라와 권능과 영광이
영원히 아버지의 것입니다.
아멘.

활동 스티커

| 34주 열매 스티커

자비 사랑 희락 양선 화평 충성 오래참음 온유 절제

| 43주 건강 쿠폰

____시에 잠자기　____분 운동하기　_____반찬먹기　성경읽기　자기 전에 기도하기

| 47주 밴드 스티커, 하트 스티커

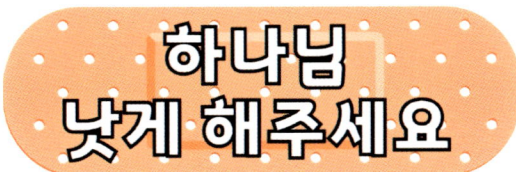

하나님 낫게 해주세요

건강하게 해주셔서 감사해요!